带时间窗的车辆
路径问题及其算法研究

潘立军　著

中国原子能出版社

图书在版编目（CIP）数据

带时间窗的车辆路径问题及其算法研究 / 潘立军著.
--北京：中国原子能出版社，2023.4
ISBN 978-7-5221-2675-3

Ⅰ. ①带… Ⅱ. ①潘… Ⅲ. ①车辆调度–算法–研究
Ⅳ. ①U491

中国国家版本馆 CIP 数据核字（2023）第 072373 号

带时间窗的车辆路径问题及其算法研究

出版发行	中国原子能出版社（北京市海淀区阜成路 43 号　100048）
责任编辑	白皎玮
责任印制	赵　明
印　　刷	北京天恒嘉业印刷有限公司
经　　销	全国新华书店
开　　本	787 mm×1092 mm　1/16
印　　张	8
字　　数	180 千字
版　　次	2023 年 4 月第 1 版　2023 年 4 月第 1 次印刷
书　　号	ISBN 978-7-5221-2675-3　　定　价　**76.00 元**

发行电话：010-68452845　　　　　版权所有　侵权必究

前　言

　　物流是一个新兴学科，配送是现代物流的一个重要内容，合理安排车辆配送路线可以降低运输成本，提高经济效益。车辆路径问题是一类在物流配送调度中具有广泛应用的组合优化问题，属于强 NP 难题。有时间窗车辆路径问题比具有简单约束的车辆路径问题更加难以求解。

　　带时间窗的车辆路径问题是对物流配送管理的核心问题——配送车辆调度的问题抽象，其是在基本 VRP 基础上添加了时间窗约束衍生而来的，可以将 VRPTW 描述为：使车辆从站点出发服务用户，完成用户需求后仍返回站点，规定每个用户只能被一辆车服务且仅服务一次，且对用户的服务必须在用户事先指定的时间窗内进行，问题的优化目标是如何选择适当的路径，使得在满足以上约束条件的情况下，完成全部需求花费的总成本最小或总利润最大。

　　实践中许多运输管理问题均可抽象为 VRPTW，如银行运钞车调度、邮政配送问题、工厂废弃物回收问题、校车问题、JIT 生产调度等。

　　本书围绕带时间窗车辆路径问题展开研究，以带时间窗车辆路径问题研究现状入手，详细的分析了求解 VRPTW 的插入检测法研究、求解 VRPTW 的插入启发式算法，并对带时间窗取送货问题、带工作时间与时间窗的开放式车辆路径问题及其克隆选择算法进行重点探讨。

另外，本书在编写的过程中参阅了相关的著作，引用了许多专家及学者的研究成果，在此表示最诚挚的谢意。由于时间仓促，作者水平有限，本书错误和不当之处在所难免，恳请广大读者在使用中多提宝贵意见，以便本书以后的修改与完善。

目 录

第一章 绪 论

1.1 背景与研究意义

物流是指物品从供应地向接收地的实体流动活动。现代物流运用全新的管理理念，通过对物流全过程多要素的计划、实施和控制，将运输、贮存、装卸、搬运、包装、流通加工、配送、信息处理等基本功能实施有机结合，从而为用户提供高效率、多功能、一体化的综合性服务。物流业作为国民经济发展的动脉和基础产业，具有十分重要的地位。在国际上，物流业的发展水平已成为衡量一个国家社会经济发展水平和综合国力的重要指标之一。

随着我国市场经济的快速发展，科学技术的进步以及消费者需求的日益多元化和个性化，物流业作为"第三利润源泉"日益受到企业的关注。20 世纪 80 年代以来，我国政府大力推动物流产业的发展，我国物流业作为一个独立的产业部门迅速崛起，但由于目前我国物流业还处于初步发展阶段，物流运作中的技术运用和管理水平仍处于较低水平，物流规划、仓储管理、合理化运输及物流信息技术等方面的发展还与世界先进水平有较大差距，其中最突出的问题就是物流成本高。因此，近年来国务院和地方各级政府纷纷制定了各种有利于物流产业发展的政策与规划，大力发展现代物流业已被纳入国家发展战略。国务院通过了《物流业调整和振兴规划》，确定了发展多式联运和转运设施、发展物流园区、发展城市配送、发展大宗商品和农村物流、推动制造业和物流业联动发展、推动物流标准和技术推广、发展物流公共信息平台、加强物流科技攻关及发展应急物流等九大重点工程。规划的制订与实施，标志着物流业的振兴发展已上升为国家战略。为了更进一步落实规划精神，国务院又召开专题常务会议，决定从物流产业税收、土地政策，降低过路过桥收费、推进物流技术创新与应用、加大物流业投入和促进农产品物流业发展等方面着手，进一步促进物流业健康发展。

车辆路径问题（VRP），也称车辆调度问题（VSP）是运输组织优化中的核心问题之一，它通过对车辆的运输路线进行优化，在满足客户需求的前提下，尽量以最低的运输成本与费用将货物送达目的地。车辆路径问题自 1959 年由Dantzig 和 Ramser 首次提出以来，因其对应实践中的大量应用，吸引了大量学者对其理论和应用进行研究，取得了丰富的研究成果。1983 年，L.Bodin 等学者对VRP 的研究进展实行综述时，列举了 699 篇相关的参考文献；1995 年出版的《运筹学与管理科学手册》专门在第八卷讨论车辆路径问题；2002 年，Paolo 等学者在其著作中，对 VRP 的一些新的研究进展和发展趋势进行了全面分析。相比与国际，国内 VRP 的研究起步较晚，但最近几年研究发展较快，1994 年，郭辉煌教授等出版了国内该领域的第一部专著《车辆优化调度》，随后在 2001 年李军教授等出版了《物流配送车辆优化调度理论与方法》，对车辆路径问题的模型与优化方法实行了详细介绍；2006 年与 2009 年，郎茂祥、张潜两位学者分别在其著作中对车辆路径问题最新研究进展进行综述。VRP 已成为近几十年来运筹学领域研究最活跃、成果最精彩的方向之一。

在实践中，该问题的应用不仅仅局限在物流配送领域，在航空、远洋航运、通信、电力、工业管理和计算机应用等领域也有一定的应用，其研究成果已用于轮船公司运送货物经过港口与货物安排的优化设计、交通车线路安排、垃圾收集线路安排和生产系统中的计划与控制等多种组合优化问题。因此，对车辆路径问题进行广泛和深入的研究，即可以促进运筹学学科的发展，又可将其研究成果应用于现代物流配送与交通运输管理领域，提高运作效率，节约运输成本，具有较高的理论与实践研究价值。

1.2 主要研究内容与结构安排

1.2.1 研究内容

在前人工作的基础上，本书将重点研究带时间窗车辆路径问题（VRPTW）及其启发式算法。具体研究内容包括以下几方面。

1. 研究求解带时间窗车辆路径问题的时差插入检测法

在求解带时间窗车辆路径问题许多算法中，均有插入检测过程，即检测将某一待插入点插入到当前解时是否可行，针对已有检测方法效率不高的缺点，提出时差的概念、时差插入检测法，研究时差插入检测的充要条件、算法框架、计算复杂度，仿真测试该检测法的有效性，并分析比较该方法与已有的其他检测法的检测性能。

2. 研究带时间窗车辆路径问题的时差插入启发式算法

将时差的概念运用于求解 VRPTW 的插入启发规则，并将该规则与求解 VRPTW 的经典启发规则相结合，提出时差插入启发式算法。最后运用标准测试算例进行测试，比较分析该插入启发式算法与其他求解 VRPTW 插入启发式算法的计算速度与求解质量。

3. 研究带时间窗的取送货问题及其非代际遗传算法

带时间窗的取送货问题是对基本 VRPTW 的扩展，对应了大量的实践应用，本书将建立带时间窗取送货问题的模型，设计求解该问题的非代际遗传算法，对基本遗传算法的算法框架，编码方法，交叉、变异算子进行改进，并应用标准测试算例进行仿真测试。

4. 研究带工作时间与时间窗的开放式车辆路径问题及其非代际克隆选择算法

针对 BtoC 电子商务物流配送活动中配送公司外包车辆、配送人员上班有时间限制的特点，本书提出带工作时间与时间窗约束的开放式车辆路径问题（OVRPTWWT），将构建其混合整数规划模型，并设计求解该问题的非代际克隆选择算法，改进基本克隆选择算法中抗体的更新、抑制策略，设计新的克隆选择方法，最后运用算例对模型与算法进行仿真验证。

1.2.2 结构安排

本书将以带时间窗车辆路径问题研究为主线，其具体章节内容安排如下。

第一章 绪论。介绍车辆路径问题的研究背景、研究意义以及本书的主要研究内容和结构安排。

第二章 带时间窗车辆路径问题研究现状。通过对国内外相关文献的梳理，首先介绍车辆路径问题模型的组成要素及要素特征，并梳理总结车辆路径问题类型，其次分析带时间窗车辆路径问题的数学模型、基本分类、常用求解算法及标准测试集，最后分析得出带时间窗车辆路径问题的研究趋势。

第三章 求解 VRPTW 的插入检测法研究。先介绍插入检测法的定义与分类，对求解 VRPTW 已有的插入检测法进行梳理总结，并对前推值插入检测法的插入充要条件加以数学证明，分析其计算复杂度。在此基础上提出时差概念、时差插入充要条件，并对时差插入的充要条件进行数学证明，对其计算复杂度进行分析。最后将时差插入检测法、前推值插入检测法分别应用于经典启发式算法框架，设计仿真程序，对求解的结果及速度进行分析比较。

第四章 求解 VRPTW 的插入启发式算法研究。先介绍几种常用的插入启发式算法，进而依据时差的概念提出时差插入启发式算法，介绍时差插入启发算法的启发方法、算法框架。最后利用标准测试算例进行分析测试，并将结果与已有的插入启发式算法进行对比。

第五章 带时间窗取送货问题研究。首先对带时间窗取送货问题进行描述，构建该问题的整数规划模型，然后设计求解该问题的遗传算法，介绍算法的框架、编码方法、初始解的生成、选择算子、交叉算子、变异算子。最后利用标准测试算例进行测试，比较该算法与已有求解算法的求解效率。

第六章 带工作时间与时间窗的开放式车辆路径问题及其克隆选择算法研究。首先对 BtoC 电子商务配送中广泛存在的带工作时间与时间窗的开放式车辆路径问题进行描述，运用线性规划理论构建问题模型。随后设计求解该问题的非代际克隆选择算法，介绍算法的框架，抗体亲和力的计算方法、抗体变异算子、克隆选择方法、抗体多样性保持策略等。最后运用算例对模型及算法的有效性进行验证。

第七章 结论与展望。对主要工作进行总结，对进一步的研究方向作分析展望。

第二章　带时间窗车辆路径问题研究现状

本章对带时间窗车辆路径问题的研究现状进行详细综述，首先介绍车辆路径问题的数学模型、模型组成要素与特征以及常见的问题类型，其次详细介绍带时间窗车辆路径问题的数学模型、分类、常用求解算法及其标准测试集。最后对带时间窗车辆路径问题的研究发展趋势进行分析总结。

2.1　车辆路径问题概述

2.1.1　车辆路径问题的一般描述与特征

基本的 VRP 可描述为对一系列给定的客户（送货点或取货点），确定适当的配送车辆行驶路线，使其从车场（配送中心）出发，依次访问各客户点，最后返回车场，并在满足一定的约束条件下（如车辆载货量、客户需求量、时间窗限制等）使总运输成本达到最小（如使用车辆数目最少、车辆行驶路程或时间最短等）。如图 2-1 所示，图中的小方框表示车辆出发点，如车场或配送中心，小圆点表示需要访问的客户点，线段则表示两点之间的连接路段。每条线段对应着一个费用，通常表示其距离，或行驶时间。

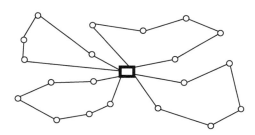

图 2-1　车辆路径问题示意图

□ 配送中心　○ 客户点

从图论的角度，VRP 可表示为一个完备图 $G = (V, E)$，$V = \{0, 1, 2, \cdots, n\}$ 表示顶点集，其中 0 表示车场。$V' = \{1, 2, \cdots, n\}$ 表示顾客点集。$E = \{(i, j) | i, j \in V, i \neq j\}$ 表示弧集或边集，$K = \{1, \cdots, M\}$ 表示配送车辆集。

符号定义

M：表示所需车辆数；

Q：表示车辆的最大载重量；

d_i：表示顾客点 i 的需求量；

C_{ij}：表示车辆访问弧 (i, j) 产生的配送成本。

定义如下决策变量：

$x_{ijk} = 1$，则车辆 k 访问弧 (i, j)，否则，$x_{ijv} = 0$。

基本 VRP 数学模型具有层次目标函数，通常将最小化车辆使用数量作为第一目标，最小化车辆运行费用作为第二目标，其目标函数可表示为

$$\min F(x) = p_1 M + p_2 \sum_{k=1}^{M} \sum_{i=0}^{N} \sum_{j=0}^{N} C_{ij} x_{ijk} \qquad （2\text{-}1）$$

式中，$F(x)$ 表示目标函数，p_1、p_2 为整数，且 $p_1 \gg p_2$，通过在目标函数中引入参数 p_1、p_2，能够保证算法在求解时以最小化车辆使用数为第一优化目标，以最小化车辆运行费用作为第二优化目标。

$$\sum_{i=0}^{N} \sum_{k=1}^{M} x_{ijk} = 1 \quad \forall j = 1, 2, 3, \cdots, N \qquad （2\text{-}2）$$

$$\sum_{j=0}^{N} \sum_{k=1}^{M} x_{ijk} = 1 \quad \forall i = 1, 2, 3, \cdots, N \qquad （2\text{-}3）$$

$$\sum_{k=1}^{M}\sum_{i=1}^{N} x_{i0k} = \sum_{k=1}^{M}\sum_{j=1}^{N} x_{0jk} = M \qquad (2\text{-}4)$$

$$\sum_{i=0}^{N} d_i \left(\sum_{j=0}^{N} x_{ijk} \right) \leqslant Q \quad \forall k = 1, 2, \cdots, M \qquad (2\text{-}5)$$

$$\sum_{i\in S}\sum_{j\in S} x_{ijk} \geqslant 1, \forall S \subseteq V \setminus \{0\}, |S| \geqslant 2, \forall k \in K \qquad (2\text{-}6)$$

约束（2-2）、（2-3）确保每个客户只被一辆车服务一次；约束（2-4）为站点约束，即所有的车都从车场出发，完成任务后又回到车场；约束（2-5）为车辆的载重约束，所有的车的装载量不超过车辆的载重量 Q；约束（2-6）为次回路消除条件。

由基本 VRP 模型可知，构成 VRP 模型的包括以下核心要素：道路网络、顾客、车场、车辆和运作目标，核心要素的特征及核心要素之间的关系特征决定了 VRP 模型的特点，由此可衍生出多种类型的 VRP 模型，下面详细介绍。

1. 道路网络

道路网络是货物运输的基础，它是构成车辆路径问题最核心的要素之一。道路网络通常用一个由节点和弧组成的赋权图来表示。其中节点表示车场点或者顾客点，弧代表道路网络中顾客点和车场点间或顾客点间的道路连接。根据运输网络中连接两点间道路特征的不同，相应地弧可以分为有向弧和无向弧。有向弧是指车辆仅可向一个方向行驶的道路，比较典型的是城市交通网络中单向行驶道路，无向弧是指车辆可在两个方向上行驶的双向道路。对应于每条弧，赋有一个非负的费用权重，根据实际研究的需要，可以赋予它不同的含义，例如可以表示两点间的运行距离、运行时间等。通常假设车辆路径问题中，节点间的费用满足三角不等式约束。在关于车辆路径问题的研究文献中，根据节点间的双向费用权重是否相等，可以将问题分为对称车辆路径问题和非对称车辆路径问题。相应地非对称车辆路径问题的道路网络用有向图表示，对称车辆路径问题的道路网络用无向图来表示。另外，在一些车辆路径问题中，所对应的路网中弧所表示的道路因交通原因（如道路阻塞或交通限行等），其通行有时段要求，即此段道路只在特定的时间段通行，相应的这类车辆路径问题称为路网时间依赖的车辆路径问题。

2. 顾客

顾客指的是 VRP 中车辆的服务对象，通常服务对象包括零售商店、分销点、宅急送中的个体家庭、货物配送分支点等。顾客点典型特征属性包括以下几个方面。

（a）顾客点：其对应于车辆路径问题表示的网络图中一个节点。

（b）顾客点的服务类型：即可以是送货服务，也可以是取货服务，或是同时具有送货与取货服务。

（c）顾客点的服务需求量（即车辆在客户点的装卸量）：服务需求量是一次满足，还是可拆分的，可拆分是指服务需求量可以由多车分多次满足。

（d）顾客点服务时间：其可以表示车辆在顾客实施送货或取货服务所花费的时间。

（e）顾客点服务时间窗或时间期限：因某些顾客在接收车辆服务时有特殊的时间期限要求，即每天车辆只可对顾客在一个特定的时间区段内进行服务，该时段包括允许的最早开始服务时间和最迟开始服务时间，或仅有一个允许的最迟开始服务时间。

（f）顾客点接受服务的先后顺序：在一些车辆路径问题中，顾客有服务优先级，即重要客户要先服务，或者服务类型有先后顺序，如先送货再取货。

（g）顾客点间的关系：在一些车辆路径问题中，顾客点间有配对关系，即从一个客户那里取货然后再送到与之配对的特定送货客户点。

3. 车场

在表示车辆路径问题的网络图中，除了顾客点外，另一类重要节点就是车场。车场是每条车辆路线的起点或终点，车辆从车场对顾客进行货物配送或者从顾客收集货物到车场。对应于车场其典型的特征属性包括以下几个方面。

（a）车场的数量：车辆路径问题是一个车场，还是多个车场。

（b）车辆服务完客户后是否回到车场：基本的 VRP，车辆在完成所有客户的服务后均回到车场，但在一些车辆属于外包的物流配送服务中，车辆在完成所有客户服务后，不要求回到车场，这一类车辆路径问题因车辆的行车路线不是一条闭合回路，而是一条开放的线路，因此将此类车辆路径问题称为开放式车辆路径问题。

（c）车场服务时间窗或时间期限：在某些 VRP 中，车场开放时间有特殊时限要求，即每天车辆只允许在特定的时间期限内发车或回车，该时间期限包括开放服务的最早时间和最迟时间。

（d）车场之间的关系：在一些 VRP 中，车场间有配对关系，即从一个车场那里发出的车辆完成服务后必须回到与之配对的另外的车场。

4．车辆

基本 VRP 中均是由一组车辆完成对顾客的取货或送货服务，其典型的特征主要包括以下几个方面。

（a）车辆类型：在基本 VRP 模型中均假设车辆为同一类型，即拥有相同的载重量与最大行驶距离，然而在实际的配送管理中，车队一般是由多种车型的车辆组成，即车辆间具有不同的装载能力、不同的固定成本及可变成本。

（b）车辆装载能力：其表示车辆最大的载重量或最大的装载容量等。

（c）车辆成本：车辆成本主要是指车辆的固定成本，以及变动成本，变动成本可以用单位公里的费用或单位时间的费用来衡量，而固定成本则主要指车辆的购置费用等。

（d）车辆持续期：即车辆在取货或送货时具有的最大允许行驶距离或时间，对应于实际问题可以表示司机最长的连续工作时间或连续驾驶时间。

5．运作目标

根据实际研究的 VRP 特征不同，运作目标可以分为多目标和单目标两类。文献中典型的单目标优化函数主要有：

（a）最小化总行驶距离或总行驶时间；

（b）最小化车辆使用数量；

（c）最小化总运输费用，运输费用主要包括车辆固定成本、变动成本等；

（d）层次化优化目标函数，即按目标的重要性程度，同时优化多个目标，如以最小化车辆使用数作为首要的优化目标，在此基础上优化对应的车辆总行驶距离。

6. 关系

VRP核心要素之间的关系也决定VRP的特征，可衍生出多种不同的VRP类型，常见的关系有以下几种。

（a）客户与车辆：客户是否指定特定车辆进行服务，如某些顾客点因所处位置受交通条件或装卸场所限制，只能指定特定的车辆进行服务。

（b）客户与车场：给客户服务的车辆是否属于特定车场，在多车场的环境中，某些顾客点要求货物必须来自或送达到特定的车场。

（c）车辆与车场：车辆是否指定特定的车场出发或到达。

（d）运作目标与其他核心要素：其他核心要素的特征满足情况是否量化为目标函数值，如允许车辆早于或晚于客户时间窗口期限，但要给一定的费用处罚；或允许车辆超持续期服务，但要给一定的加班费用等。

除此之外，近年来随着对VRP研究与应用实践的深入，车辆路径问题的核心要素出现了一些新的特征。一是问题要素在车辆调度之前是模糊的、不确定的，如顾客的位置、需求量、服务时间与服务时间期限事先均不确定，或只知道其概率分布函数。二是车辆调度时间呈周期性，即不是一次完成客户的所有服务需求，而是在一周或一月内完成客户的服务需求。三是问题要素在车辆出发后还会发生变化，如道路的畅通情况、通行速度在车辆从车场出发后还随着时间发生变化等。

2.1.2　车辆路径问题的主要类型

上节介绍了基本VRP的一般描述与问题特征。通过对基本VRP核心要素附加不同的特征或做适当松弛，可进一步衍生出多种不同的车辆路径问题类型。在本节中将介绍几种常见的车辆路径问题类型。

1. 动态车辆路径问题（DVRP）与静态车辆路径问题（SVRP）

根据问题所有信息在车辆出发前是否确定，将 VRP 分为 DVRP 与 SVRP。若 VRP 的所有信息在车辆出发前已确定，且不再随时间发生变化，问题输出的结果是一组优化好的线路且不需要在执行过程中再优化，则此类 VRP 为静态车辆路径问题；若 VRP 所有问题信息在车辆出发前不确定或部分不确定，或问题信息在车辆出发后还随时间发生变化，问题输出结果不是一组优化好的线路，而是车辆如何运行的策略，或是一组优化好的线路但要在执行过程中再优化，则此类 VRP 为动态车辆路径问题。因静态车辆问题的主要类型将在下文中详细介绍，此处只简要介绍 DVRP 的主要类型。DVRP 可依问题信息不确定程度或对不确定信息处理方法的不同，分为随机车辆路径问题与不确定型车辆路径问题。

1）随机车辆路径问题

在随机车辆路径问题中，虽然对问题的信息不确定，但根据历史资料或问题信息特征，知道问题信息的随机分布函数，因此随机车辆路径问题的求解目标通常是期望总成本最小。其模型优化主要采用二阶段优化策略，即在信息不完全的情况下，先依据已掌握的信息确定先验行车方案，当获得全部信息后再确定一个救援方案。如文献研究的随机顾客旅行商问题、随机旅行时间问题、随机需求车辆路径问题以及随机顾客车辆路径问题。

2）不确定型车辆路径问题

与随机车辆路径问题不同，不确定型车辆路径问题的某些问题信息完全不确定，其信息要在车辆执行调度计划后，才能逐渐确定下来，因此要求得此类问题的调度方案非常难，大多数问题只能给出该类问题的调度策略，通常该类问题的求解思路是采用再优化策略，即依据问题实时信息的更新情况不断进行行车方案的优化，实时调整车辆的行车路线。如文献研究的动态旅行商问题、动态叫车服务系统。

2. 单车场问题和多车场问题

根据车辆是属于一个车场还是属于多个车场，可将车辆路径问题分为单车场问题和多车场问题（MVRP）。其中多车场问题又分为两种：一种是固定目的地多站点问题，即车辆完成服务后必须返回其出发站点；另一种是非固定目的地多车场问题，即车辆不必返回其出发车场。文献对非对称多站点问题进行了研究，利用分支定界法求解了用户规模为 80 的 MVRP 的最优解；文献对多车场车辆及人员调度问题进行了研究，建立了车辆、人员调度模型，运用列生成法和拉格朗日松弛技术对问题进行求解。

3. 开放式车辆路径问题和闭合式车辆路径问题

根据车辆是否满足站点约束，可将车辆路径问题分为开放式车辆路径问题（OVRP）和闭合式车辆路径问题，当车辆完成运输任务后必须返回原出发点时，称为闭合式车辆路径问题，当车辆完成服务后不必返回出发点，或者要求其沿原路返回时即为 OVRP。从图论角度进行分析，OVRP 求解的是汉密尔顿路径，而闭合式问题求解的是汉密尔顿回路，所以闭合式问题的求解算法不能直接应用于开放式问题。文献研究了带装载能力约束与路程长度约束的 OVRP，文献研究的带时间窗约束的 OVRP。文献对开放式车辆路径问题的研究情况进行了综述。

4. 单车型问题和多车型问题

根据 VRP 使用车辆的型号是否相同，可将 VRP 分为单车型问题（VRP）和多车型问题（HVRP），基本 VRP 均是假定车辆的型号相同，即具有相同的最大载重量与最大行驶距离以及相同的固定成本与变动成本，而多车型车辆路径问题则不同，通常各车型的最大载重不同或使用成本不同，因此多车型问题的建模与求解更加困难。依各种车型的数量是否有限，HVRP 又可分各车型数量有限的车辆路径问题（HFFVRP）及各车型数量无限的车辆路径问题（FSMVRP）。HFFVRP 中各车型车辆数量有限，求解问题的目标通常为最小化总行驶距离或行驶时间，2004 年 Tarantilis 等提出了回溯自适应极限接受算法对 HFFVRP 进行了求解，取得了较好的效果。FSMVRP 中各车型的数量没有限制，各车型的固定使用费用与变动使用费用不同，该类问题的求解通常要使车辆使用总成本最小，并且该类问题不仅要求出各车辆的行驶路线，而且要求出各种车辆的使用数量。Liu 与 Shen 提出了求解带时间窗 FSMVRP 的插入启发式算法；Dullaert 等则运用序列插入启发式算法求解带时间窗 FSMVRP，均取得了不错的求解效果。2009 年，Patricia Belfiore 等利用分散搜索算法对巴西零售业配送中存在的 FSMVRP 进行了求解，也取得了不错的效果。

5. 取货/送货问题与同时取送货问题

根据车辆在顾客的服务类型，可将车辆路径问题分为取货或送货问题与同时取送货问题，取货或送货问题即指车辆在顾客点的服务全是取货或全是送货任务，基本 VRP 即属于该类型。同时取送货问题中车辆的服务即包含取货任务又包含送货任务，依据取送货的先后顺序以及取送货点之间的关系，同时取送货问题又可衍生出两种类型，即带回程的车辆路径问题（VRPB）与取送货问题（VRPPD）。

VRPB 中车辆的行驶路线分为往程和回程两部分，往程车辆要执行送货任务，回程车辆要执行取货任务，且往程任务必优先于回程任务，如图 2-2 中的（1）图所示。文献建立了 VRPB 的整数规划模型，利用列生成法和拉格朗日松弛技术给出了问题的下界，并利用分支定界法求解了 100 用户规模的最优解；文献利用启发式算法求得了 VRPB 的下界，并利用精确算法求解了 100 用户规模的最优解；文献对 VRPB 的研究情况进行了详细综述。

VRPPD 中车辆的行驶路线不分往程送货与回程取货，其取送货并没有严格的顺序。根据其取送货的特点，又可分为三种类型，即电话叫车问题（DARP）、混合取送货问题（VPRMPD）、同时取送货问题（VPRSPD）。DARP 中车辆的行驶位置是配对的，每一客户的服务均分成取货与送货两个部分，先从客户的取货位置取货，再送达到客户的送货位置，如图 2-2 中的（2）图所示。VRPMPD 与 VRPSPD 中车辆的服务的客户则没有配对要求，车辆可在包括配送中心在内的任意点取货或送货，但 VRPMPD 中客户要么只有取货服务需求，或只有送货服务需求。而 VRPSPD 中客户则同时有取送货服务的需求，如图 2-2 中的（3）图与（4）图所示。各国学者们对 VRPPD 的进行了较为深入的研究，设计了大量求解 VRPPD 的启发式算法，文献对 VRPPD 各类问题及其算法的研究情况进行了综述。

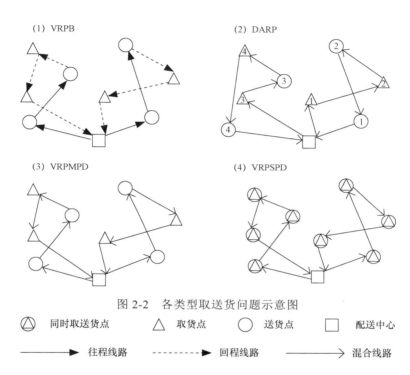

图 2-2　各类型取送货问题示意图

6. 无时间窗约束问题和带时间窗约束问题

根据车辆服务用户时是否要遵守时间窗约束，可将车辆路径问题分为无时间窗约束问题和带时间窗约束问题（VRPTW），带时间窗约束问题又可以进一步分为硬时间窗问题和软时间窗问题、带时间窗的时变问题和非时变问题、单时间窗问题和多时间窗问题等。带时间窗的车辆路径问题是本文研究重点，相关内容将在下一节详细介绍。

7. 周期性问题和非周期性问题

根据调度的时间水平是否呈周期性，可将 VRP 分为周期性问题（PVRP）和非周期性问题。其中周期性问题的调度时间可以是一周、一个月或一年等，只要在周期内满足用户的全部需求即可，不必每天都服务所有用户，问题的优化目标为整个周期水平上的总成本最小，而非周期性问题的调度时间通常为一天。文献对出租车调度问题进行了研究，建立了多周期动态模型，并利用 Frank-Wolfe 算法进行求解；文献对服务可选择的周期性问题进行了建模与求解；文献利用启发式算法求解了车辆数最小化的周期性问题；文献对葡萄牙 Almada 市议会的再生纸容器收集问题进行了研究，利用启发式算法求解了调度周期为一个月的周期性问题；文献基于列生成思想构造了一种启发式算法用于求解调度周期为 5 天、50～80 个用户规模的周期性问题。

2.2　带时间窗车辆路径问题的一般描述与数学模型

带时间窗车辆路径问题是在基本 VRP 基础上增加时间窗约束衍生而来的，因此可以将 VRPTW 描述为使车辆从站点出发服务用户，完成用户需求后仍返回站点，规定每个用户只能被一辆车服务仅且服务一次，且对用户的服务必须在用户事先指定的时间窗内进行，车辆可早到，但早到须等待，问题的优化目标是如何选择适当的路径，使得在满足约束条件的情况下，完成全部需求花费的总成本最小或总利润最大。实践中许多运输管理问题均可抽象为 VRPTW，如银行的运钞车调度、邮政配送问题、工厂废弃物回收问题、校车问题、JIT 生产调度等。

VRPTW 的混合整数模型可描述为：设用有向图 $G=(V, E)$ 来表示配送网络，$V=\{0, 1, \cdots, N\}$ 表示节点集，节点 0 表示站点，$V\backslash\{0\}$ 表示用户节点，$E=\{(i, j)|i, j \in V, i \neq j\}$ 表示弧集，$K=\{1, \cdots, M\}$ 表示配送车辆集，M 表示所需车辆数，Q 表示车辆的最大载重量，d_i 表示节点 i 的需求量，AT_{ki} 表示车辆 k 在节点 i 的抵达时间，WT_{ki} 表示车辆 k 在节点 i 的等待时间，s_i 表示车辆在节点 i 的服务时间，t_{ij} 为车辆在 i 与 j 之间的行驶时间，$[e_i, l_i]$ 表示节点 i 的时间窗，e_i 为允许最早开始服务时间，l_i 为允许最迟开始服务时间，C_{ij} 表示车辆访问弧 (i, j) 产生的配送成本，并引入决策变量 x_{ijk}，当 $x_{ijk}=1$ 时表示车辆 k 访问弧 (i, j)，否则 $x_{ijk}=0$；

VRPTW 目标函数与基本 VRP 的目标函数一致，可表示为：

$$\min Z(x) = p_1 M + p_2 \sum_{k=1}^{M} \sum_{i=0}^{N} \sum_{j=0}^{N} C_{ij} x_{ijk} \qquad （2\text{-}7）$$

p_1、p_2 为整数，且 $p_1 \gg p_2$，其第一目标为最小化车辆使用数量，第二目标为最小化总行驶距离。

其约束条件可表示为：

$$\sum_{i=0}^{N} \sum_{k=1}^{M} x_{ijk} = 1 \quad \forall j = 1,2,3,\cdots,N \qquad （2\text{-}8）$$

$$\sum_{j=0}^{N} \sum_{k=1}^{M} x_{ijk} = 1 \quad \forall i = 1,2,3,\cdots,N \qquad （2\text{-}9）$$

$$\sum_{k=1}^{M} \sum_{i=1}^{N} x_{i0k} = \sum_{k=1}^{M} \sum_{j=1}^{N} x_{0jk} = M \qquad （2\text{-}10）$$

$$\sum_{i=0}^{N} d_i \left(\sum_{j=0}^{N} x_{ijk} \right) \leqslant Q \quad \forall k = 1,2,\cdots,M \qquad （2\text{-}11）$$

$$\sum_{i \in S} \sum_{j \in S} x_{ijk} \geqslant 1, \forall S \subseteq V \setminus \{0\}, |S| \geqslant 2, \forall k \in K \qquad （2\text{-}12）$$

$$AT_{ki} \leqslant l_i, \forall i = 1,2,3\cdots,N; \quad \forall k = 1,2,\cdots,M \qquad （2\text{-}13）$$

$$e_i \leqslant AT_{ki} + WT_{ki} \leqslant l_i \quad \forall i = 1,2,3,\cdots,N \quad \forall k = 1,2,\cdots,M \qquad （2\text{-}14）$$

$$AT_{ki} + WT_{ki} + s_i + t_{ij} + (1 - x_{ijk}) p_3 \leqslant AT_{ki}, \forall i = 0,1,\cdots,N$$
$$\forall j = 1,2,\cdots,N \quad \forall k = 1,2,\cdots,M \qquad （2\text{-}15）$$

$$AT_{0k} = WT_{0k} = s_0 = 0, \forall k = 1,2,\cdots,M \qquad （2\text{-}16）$$

$$WT_{ki} = \max\{0, e_i - AT_{ki}\}, \forall i = 0,1,\cdots,N \qquad （2\text{-}17）$$

$$AT_{ik} \geqslant 0, \forall i = 0,1,\cdots,N, \forall k = 1,2,\cdots,M \qquad （2\text{-}18）$$

$$WT_{ki} \geqslant 0, \forall i = 0,1,\cdots,N, \forall k = 1,2,\cdots,M \qquad （2\text{-}19）$$

$$s_i \geqslant 0, \forall i = 0,1,\cdots,N \qquad （2\text{-}20）$$

式（2-8）、式（2-9）确保每个客户只被一辆车服务；式（2-10）为站点约束；式（2-11）为车辆的载重约束；式（2-12）为次回路消除条件；式（2-13）至式（2-20）表示时间窗约束，其中式（2-13）表示车辆抵达时间不允许超过用户的最迟开始服务时间，式（2-14）表示用户的开始服务时间必须介于最早开始服务时间和最迟开始服务时间之间，式（2-15）表示前驱与后继节点间的时间关系，p_3 为任意足够大的整数，式（2-16）表示配送中心的时间参数设置，式（2-17）

表示等待时间的计算公式。

基本的带时间窗车辆路径问题不允许违反最迟开始服务时间，即属于硬时间窗问题，然而针对具体问题我们可以对时间窗约束进行松弛，通过引入惩罚成本来描述发生时间延误的问题，并将惩罚成本的最小化也作为问题优化目标，即软时间窗车辆路径问题，其中惩罚成本通常表示为随延误时间变化的函数。

2.3　带时间窗车辆路径问题的分类及其常用求解算法

2.3.1　带时间窗车辆路径问题的分类

带时间窗车辆路径问题是车辆路径问题中的最重要的研究分支之一，近年来发表了大量的研究文献，提出了大量算法尤其是启发式算法求解该类问题。最早对 VRPTW 研究情况进行综述的是 Golde 与 Assad（1986 年、1988 年）。随后 Solomon 与 Desrosiers（1988 年、1995 年）也对 VRPTW 的研究进展进行了综述。早期 VRPTW 的研究主要以精确算法与经典启发式算法为主，2000 年后，大量求解 VRPTW 的智能启发式算法开始出现，如遗传算法、模拟退火算法、蚂蚁算法等，2005 年，Bräysy 与 Gendreau 对求解 VRPTW 的经典启发式算法与智能启发式算法进行了综述。已有的 VRPTW 文献综述多从 VRPTW 算法的角度进行分析与综述，而很少从 VRPTW 的问题特点角度进行分类综述。因此，下文将依 VRPTW 的问题特点进行简单分类，并依据不同类别对 VRPTW 研究情况进行梳理总结。

1. 基本 VRPTW 与扩展 VRPTW

按 VRPTW 模型的约束条件特点，可将 VRPTW 问题分为基本 VRPTW 与扩展 VRPTW，基本 VRPTW 是在标准 VRP 基础上增加了客户的时间窗约束，上节已对基本 VRPTW 进行了介绍，并给出了其数学模型，基本 VRPTW 是被广泛研究的 VRP 类型，文献对基本 VRPTW 的研究情况进行了详细综述。在基本 VRPTW 的约束基础上增加新的约束或变换问题核心要素特征衍生的 VRPTW，本文将其定义为扩展 VRPTW，如增加多车场约束，问题变为带时间窗多车场车辆路径问题（MDVRPTW）；将问题由闭合式变成开放式，变为带时间窗的开放式车辆路径问题（OVRPTW）；另外带时间窗口的取送货问题（PDPTW）、带时间窗的周期性车辆路径问题（PVRPTW）等均属于在基本 VRPTW 的基础上进行扩展。相比于基本 VRPTW 已受到广泛关注，扩展 VRPTW 的研究还不多，主要的成果包括文献设计的求解 PVRPTW 的禁忌搜索算法；文献研究了 PVRPTW 的一个实际案例，带时间窗的小区多周期的垃圾回收问题，设计了求解该问题的模拟退火算法；文献则研究了 PDPTW，并设计了求解 PDPTW 的混合启发式算法；文献研究了不同车辆类型且客户需求可拆分的 VRPTW，并设计了求解该问题的启发式搜索算法。

2. 硬时间窗问题和软时间窗问题

根据对车辆到达客户迟到或早到是否允许惩罚，可将带时间窗的车辆路径问题分为硬时间窗问题（VRPHTW）和软时间窗问题（VRPSTW），VRPSTW 通过引入惩罚函数来描述延误或早到时产生的额外成本。相对于 VRPHTW 的广泛研究，VRPSTW 的研究成果相对较少，Fu 等对 VRPSTW 进行了深入的研究，根据惩罚函数的不同特点，进一步将 VRPSTW 分为多种类型，最后设计了适应各类 VRPSTW 求解的禁忌搜索算法；文献针对中等规模的软时间窗问题，提出了一种"先枚举后优化"的精确算法求取最优解；文献将软时间窗问题描述为混合整数规划模型，并提出一种"先聚类后构造路径"的启发式求解算法；文献利用禁忌搜索算法对软时间窗问题进行了求解；文献对旅行时间弹性可变的软时间窗问题进行了研究，并针对旅行时间函数为凸函数而时间窗成本函数为非凸函数的情形，设计了一种局域搜索的求解算法。

3. 单时间窗问题和多时间窗问题

根据客户可接受送货的时间窗是一个还是多个，可将带时间窗的车辆路径问题分为单时间窗问题和多时间窗问题（VRPMTW），VRPMTW 中每个客户可能存在多个互不重叠的时间窗，车辆可任意选择一个时间窗完成服务。目前对于多时间窗问题的研究文献极少，文献对最大行驶时间受限的非满载多时间窗问题进行了研究，建立了数学模型，并利用蚁群系统对问题进行求解。

4. 固定时间窗问题与模糊时间窗问题

基本 VRPTW 对每项任务的服务都必须在任务的时间窗口内开始，因此可以认为其时间窗口是确定的。但在许多实际的应用中，时间窗并不能真正反映顾客接受服务的时间偏好。顾客可能更偏好于服务在时间窗内的某一时点（段）开始，而服务开始早于或晚于该时点（段），顾客的满意度都会降低，即顾客期望接受服务的时间是一个以某一时点为中心的模糊时间窗口。在这种情况下，Chen 和 Gen 提出用模糊预约时间的概念来代替确定时间窗的概念，并研究了单收或单发情况下的具有模糊预约时间的车辆路径问题。目前，模糊时间窗问题的研究文献极少，仅有张建勇博士在文献中研究了具有模糊预约时间的取送货问题，构建了该问题的多目标（车辆使用数最小化、车辆行驶总距离最小化、顾客平均等待时间最小化以及顾客平均满意度最大化）数学规划模型，提出了解决该问题的启发式算法，用修正的推——碰——掷过程进行改进的混合遗传算法；王君与李波在文献中建立了模糊预约时间车辆路径问题的多目标数学规划模型，并提出多目标禁忌搜索算法求解 Pareto 最优解。

5. 时变问题和非时变问题

根据车辆行驶速度（车辆行驶时间）是否随时间变化，可将带时间窗的车辆路径问题分为时变问题（TDVRPTW）和非时变问题，其中时变问题考虑了真实的交通状况，如交通堵塞、车辆故障等因素，通过将车辆行驶速度描述为时变函数来处理问题。文献建立了时变问题的集覆盖模型，将问题分解为最短路径子问题，然后利用列生成法进行求解；文献将车辆行驶时间表示为分段函数，建立了时变问题的混合整数规划模型，并提出了一种启发式求解算法；文献对以最小化车辆数和总配送时间为目标的时变问题进行研究,首先将总时间空间划分为若干时间平面,然后在每个时间面上用蚁群算法进行求解;文献对时变条件下的车辆排队方法进行研究,建立其排队模型,并设计了禁忌搜索算法。

6. 带时间窗的确定型车辆路径问题与带时间窗的不确定型车辆路径问题

不确定型车辆路径问题是指某些问题信息完全不确定,其要在车辆出发后,才能逐渐确定下来。在已有的不确定型车辆路径问题的研究中,有一部分文献研究了带时间窗的不确定型车辆路径问题,该类问题的特点是:其时间窗的确定的,问题的其他信息有不确定的成分。如 Oli 等对带时间窗的电话租车问题(DRPTW)进行了研究;Allan 对带时间窗的动态车辆问题进行了研究,构建了该类问题的仿真模型、测试算例,并分析了处理该类问题的策略;文献则研究了带时间窗的随机需求车辆路径问题,构建了数学模型与启发式算法。

2.3.2　带时间窗车辆路径问题的求解算法

带时间窗车辆路径问题被提出来后,对其求解算法的研究一直是研究的重点和难点。在对其求解算法进行研究的同时,也有不少学者对其计算复杂性进行了研究,文献在对 VRP 的计算复杂性进行综述和分析的基础上,证明了几乎所有类型的 VRP 均为 NP-难问题。文献指出带时间窗的 VRP 比一般的 VRP 更复杂。由于 VRPTW 是在基本 VRP 基础上增加了顾客时间窗口约束,因此其求解难度更大,有的问题甚至找到可行解都比较困难。目前,主要的求解算法可分成如下几类。

1. 精确算法

精确算法是求得问题的最优解,因此,其计算时间会随问题规模的扩大呈指数增长,因此,精确算法只适用于小规模问题的求解。如 Lysgaard 等、Brämel 提出的分支算法;Chuah 等提出的列生成算法;Azi 等提出的最短路径算法。因精确算法在实际中应用范围很有限,在此不作深入介绍。

2. 启发式算法

当问题规模较大，利用精确算法无法在有效时间内求得最优解时，通常采用启发式算法求取"近优解"或"满意解"，对启发式算法的性能可以用算法的鲁棒性、解的性能、求解效率来衡量。求解车辆路径问题的启发式算法可以分为两类：经典启发式算法和通用启发式算法。其中经典启发式算法采用局部搜索技术寻求满意解，算法简单易于实现，但容易陷入局部最优。通用启发式算法集成了人工智能的思想，采用全局搜索技术寻求满意解，能够跳出局部最优，然而算法设计比较复杂，参数设置对算法性能影响较大。下面分别对 VRPTW 求解中常见的经典启发式算法与智能启发式算法进行介绍。

1）经典启发式算法

A. SWEEP 算法

扫描法是由 Gillet 和 Miller 于 1974 年提出的。它首先以车场为旋转中心转动一条射线将客户节点按区域划分成组；然后对每一区域内的客户节点求解一个TSP，以确定车辆的行驶线路，即车辆访问客户节点的顺序，如图 2-3 所示。Solomon 利用 SWEEP 算法求解了 VRPTW，实验表明该 SWEEP 算法具有较强的鲁棒性。

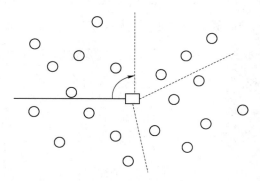

图 2-3　扫描算法示意图
○ 送货点　□ 配送中心

B. 贪婪算法

以最小化总距离为例，贪婪算法的基本思想是从站点开始，依次选择距离当前节点最近的节点构造路径。J.B.Atkinson 利用贪婪算法的思想求解了 VRPTW，通过计算包括距当前节点的距离值、距最早开始时间的紧迫度等构成的贪婪值，来确定选择哪个节点加入到当前路线中，仿真实验表明算法求得的满意解与最优解比较接近。

C. 节约算法

节约算法是最为经典的构造启发式算法之一，该算法最早由 Clark 和 Wright 于 1964 年提出，通常被简称为 C-W 算法。该算法的基本思想是根据顾客点之间连接可以节省的距离（节约值）最大的原则，将不在线路上的顾客点依次插入到当前路线中，直到所有的点都被安排进路线为止。标准的节约值的定义如下：设在一个包含一个配送中心（用 0 来表示）与多个客户点（用 i 或 j 表示，$i, j = 1, \cdots, n$）的网络图中，c_{0i}，c_{0j}，c_{ij} 表示各点间的距离或时间，若用 s_{ij} 表示点 i 与 j 之间的节约值，则 $s_{ij} = c_{0j} + c_{0i} - c_{ij}$。图 2-4 中的 1）图中，路线总长度 L_1 为 i，j 点各自与配送中心 0 构成一个回路时的总路长，图 2-4 中的 2）图中路线总长度 L_2 为 0，i，j 三点共同构成一个总回路的总路长。而节约值 s_{ij} 即为 L_1 与 L_2 的差额。

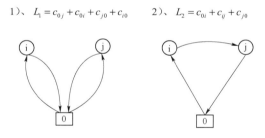

1）、$L_1 = c_{0j} + c_{0i} + c_{j0} + c_{i0}$　　2）、$L_2 = c_{0i} + c_{ij} + c_{j0}$

图 2-4　节约值示意图

D. Solomon 的插入算法

Solomon 扩展了传统的节约插入算法，将距离和时间两个因素组合在一起考虑，提出了 4 种求解 VRPTW 的插入启发式算法：节约插入启发式算法、时间导向的最近邻居插入启发式算法、插入启发式算法和时间导向的扫描插入启发式算法。在车辆类型相同且数量不受限制的情况下，Solomon 经过测试证明，插入启发式算法求的解最优。随后，Potvin 等、Ioannou 又对插入启发式算法进行了改进，设计了求解质量更高的顺序插入启发式算法与基于预见性贪婪规则的插入启发式算法。本书将在第四章对以上几类求解 VRPTW 的插入启发式算法进行详细介绍，在此不作深入讨论。

另外，以上四类插入启发式算法在进行插入的过程中，均存在将待插入客户点插入到当前解，并保持当前解可行这一过程，传统的做法是先将客户插入到当前解，然后检测插入后的当前解是否满足时间窗口约束，因此，插入效率低。为了提高插入速度，Solomon 提出前推值（Push Forward，PF）的概念，并设计了前推值插入检测法，利用其来检测待插入点插入到当前解某一位置是否可行。这一方法使插入操作的正确性不再依靠传统的模型约束检验，大大提高了插入检测速度，因此，从 1987 年至今，大量求解 VRPTW 的各类算法均用到该插入检测方法。本文将在第三章对前推值插入检测法进行介绍，在此不展开介绍。

E. 局部搜索算法与邻域交换技术

局部搜索算法通过反复搜索当前解的邻域来不断改进解的质量，最终得到满意解，因此算法的性能与邻域交换技术、初始解的选取有很大关系。求解 VRPTW 的邻域交换技术主要有点交换技术和弧交换技术两大类：其中点交换技术通过对不同路径上的节点进行交换来构造邻域，而弧交换技术是通过在不同路径中对弧（边）进行交换（替换）来构造邻域。常见的点交换技术有λ-interchange（λ 通常取 2）、GENI 等，弧交换技术有λ-opt（2-opt、3-opt、Or-opt 等）、CROSS、Ejection chains 等。邻域变换的接受策略主要有两种：一是最先接受策略，即在邻域变换中接受第一个优于当前解的候选解作为新的当前解，其研究文献主要有文献；二是最优接受策略，即在邻域变换中搜索所有候选解，选择最优的作为新的当前解。

2）智能启发式算法

A. 禁忌搜索算法（TSA）

禁忌搜索算法是 Glover 于 1986 年提出的一种智能启发式算法，其基本思想是通过引入一个灵活的存储结构和相应的禁忌准则来避免迂回搜索，并通过藐视准则来赦免一些被禁忌的优良状态，进而保证多样化的有效探索以最终实现全局优化。禁忌表记录到达过的局部最优点或其过程，并在下次搜索时有选择地搜索这些点或过程，以此来跳出局部最优。文献首先将 TS 算法用于 VRPTW 问题。

运用 Solomon 的插入启发式算法构造初始解，然后用 2-Opt 和 Or-Opt 改进解。此后研究者提出了诸多的改进算法，如增加多样化策略，减少车辆数目的策略，各种复杂的后优化过程，或者与模拟退火，遗传算法结合，并行 TS 算法，在搜索过程中允许部分非法解存在等。大多数 TS 算法都运用了多样化的搜索引导策略。文献以 2-Opt 和 Or-Opt 作为邻域结构，设计了求解安排扰动恢复的 VRPTW 的 TS。

B. 模拟退火算法（SAA）

模拟退火算法的思想是 Metropolis 受到物理退火过程的启发，于 1953 年提出来的。物理退火过程主要是通过加热使固体脱离平衡态，融解为液体，增加物体的能量，然后经过等温过程和冷却过程，降低物体的热运动和能量，进而得到低能的晶体结构。组合优化问题中，问题的解好比粒子状态，问题的目标函数好比粒子的能量，因此求取最优解的过程即是得到粒子能量最低态的过程。1983 年，Kirkpatrick 等意识到组合优化与模拟退火的这种相似性，将该算法应用于求解组合优化问题中，之后有不少学者将该算法应用于求解 VRP 问题。文献对多车型独立路径长度的车辆路径问题进行了研究，文献结合最近邻域规则提出混合模拟退火算法用于问题求解；文献利用模拟退火算法求解了装卸一体的车辆路径问题；文献则求解了 VRPTW。实验结果表明模拟退火算法可以有效地求解 VRP 与 VRPTW。

C. 遗传算法（GA）

遗传算法是美国的 J.Holland 教授和他的学生于 1975 年受生物进化论的启发而提出并建立发展起来的。其基本思想是借鉴大自然生物进化中"适者生存的规律，通过对产生的解（"父代"）不断操作（包括复制、交叉、变异和竞争）以产生新的解（"子代"），如此反复迭代，最终收敛到"最适应环境"的个体，从而得到相对比较好的解。Tan 等利用遗传算法的思路开发了进化遗传算法，求解了随机需求多目标 VRP，他们在算法中借鉴了两种局部搜索启发式算法，利用 Pareto 优化思想辅助算法获得比较好的解。Malmborg 分析了实际 VRP 求解中对解的性质评估的难度问题，指出了遗传算法在算法实现和全局搜索等方面的优势，并开发了一个二阶段遗传算法，利用该算法，作者很好地解决了带装载能力限制的 VRP。文献对用 GA 求解带时间限制的 CVRP 进行了研究，在所提出的实现方式中，使用了 OX 交叉算子和交换变异算子。为了改进 GA 的性能，又用 2-Opt 局部搜索法来代替这个变异算子，并以 0.15 的概率应用到每个子代个体中。用 Christofides 等的测试问题对该算法进行了测试，得出的结果是 GA 比 Clarke-Wright 节约算法好。

D. 蚁群算法

蚁群算法是一种生物仿生算法，该算法是 20 世纪 90 年代由 M.Dorigo 等学者从自然界蚁群觅食行为中受到启发而提出的一种优化算法。研究发现，尽管单只蚂蚁的觅食能力有限，但整个蚁群却能够在觅食的过程中，互通信息，最后发现从蚁巢到食物源的最短路径。每当蚂蚁发现一条通往食物源的路径时，它们便会在路径上释放一种"信息素"，同时它们也根据信息素的浓度来决定它们的移动方向（岔路选择原则）。开始时，不同路径上的信息素浓度一样；当蚂蚁沿着一条路到达终点时，它们便会原路返回；这样，短路径上的蚂蚁来回频率就高，信息素浓度也自然增高，于是吸引更多的蚂蚁，散发更多信息素，如此形成正反馈，最后越来越多的蚂蚁被吸引到较短的路径上，于是找到最佳路径。蚁群算法被提出后，不少学者利用该算法来求解各种 VRP 问题。Mazzeo 等利用蚁群算法的思想，开发了 ACO（An Colony Algorithm）算法，求解了带容量约束的 VRP，并就几类典型的 VRP 进行了实验仿真，验证了该算法的有效性。文献将蚁群算法用于 VRPTW。作者用两个种群来优化问题，一个优化车辆数目，一个优化总路线长度。文献采用动态蚁群算法求解 VRPTW，取得较好的效果。该算法通过设置动态选择目标城市标准来减小进化停滞现象，对信息素强度给予一定限制来改善算法性能，将挥发因子动态变化以实现对信息素浓度限制，对更多路径上的信息素进行更新来加快演化的速度。

2.4　国内带时间窗车辆路径问题研究综述

直到 20 世纪 90 年代，对 VRP 的研究在国内才逐渐兴起。20 年的研究，取得了一些成果，但相比于国外的研究成果，国内 VRPTW 研究较少，目前仍处于起步状态。还未对 VRPTW 展开深入系统性的研究，专著类的研究文献主要有 1994 年郭耀煌教授等出版的国内该领域第一部专著《车辆优化调度》，2001 年李军教授等出版的《物流配送车辆优化调度理论与方法》，但两部专著均只在部分章节论述 VRPTW。在中国知网电子期刊系统键入"带时间窗车辆路径问题"进行模糊搜索，共找到 55 篇相关文献，其中有 1 篇综述类的文献，其余研究文献主要是运用智能启发式算法求解 VRPTW 的研究成果。如宾松等、汪勇等分别运用遗传算法求解了带软时间窗的车辆路径问题；李宁等、吴耀华等、马炫等、吴勇等、张丽艳等分别运用粒子群算法求解了带时间窗的车辆路径问题；万旭等、张潇等采用蚁群算法对带时间窗的车辆路径问题进行了研究；李全亮使用免疫算法求解了带时间窗的车辆路径问题；杨进则运用了蜂群优化算法对带软时间窗的车辆路径问题进行了研究；文献则使用混合算法求解了带时间窗的车辆路径问题。另外，由文献分析发现，国内对 VRP 的研究，不但人员少，而且研究群体也比较少，主要是清华大学、西安交通大学、北京交通大学、西南交通大学、中南大学、东北大学、同济大学、东南大学等高校科研工作者在从事这方面的研究工作，因此，与国外 50 多年大量的研究成果相比，无论是在广度还是在深度上，国内在 VRP 的研究还有很大差距。

2.5　带时间窗车辆路径问题研究的发展动态

通过对带时间窗车辆路径问题相关文献的认真总结与梳理，可以得出带时间窗车辆路径问题的研究具有以下两方面的发展趋势。

1. 研究求解 VRPTW 的启发式算法是研究发展趋势之一

由于近几十年来人工智能理论的快速发展，将人工智能理论应用于求解大规模 VRPTW（100 个客户点以上）取得了很好的效果。但大部分智能算法仅提供问题求解的一个框架，要依据问题的具体特征来设计算法，因此，如何将智能算法框架与 VRPTW 的具体特征高效结合，形成求解质量高、速度快、结构简单、能适应求解各类 VRPTW 的智能算法是未来的研究趋势。

2. 结合实践研究各类复杂的 VRPTW 是研究发展的另一趋势

VRPTW 问题因其对应了大量的实际运用，因此在过去几十年中吸引了大批学者研究，它是 VRP 中受到最广泛研究的一类之一。但随着实践应用的深入，各类新的、更复杂的车辆路径问题竞相涌现出来，如时间窗口是随机的、模糊的车辆路径问题、多时间窗车辆路径问题、带时间窗的取送货问题等，因此，如何对这些问题构建有效的模型，设计出高效的算法是未来的研究趋势。

2.6　带时间窗车辆路径问题的测试算例

为了对各类求解 VRPTW 算法的求解性能进行比较与分析，有关学者与研究机构设计了大量的标准测试算例集，以供各类算法验证正确性与比较性能。在本书的研究中使用的标准测试算例集主要有两类，一是 Solomon 的标准测试集，它是目前求解 VRPTW 各类算法最常用的标准测试集；二是 Li 与 Lim 的标准测试集，它是目前求解 PDPTW 各类算法最常用的标准测试集。以上测试集均可以 http://www.sintef.no/static/am/opti/projects/top/vrp/benchmarks.html 下载。

1. Solomon 的标准测试集

Solomon 的标准测试集提供了 100 个客户点的 VRPTW 算例，共有 56 组测试数据，按照节点的位置关系可以将测试数据分为 3 大类：R 类、C 类和 RC 类，其中 R 类数据中节点呈随机分布，节点位置间无明显簇集关系，C 类数据中节点呈集簇式分布，节点分布于若干个中心位置附近，RC 类数据介于两者之间，部分节点呈随机分布,部分节点呈集簇式分布。根据测试数据时间调度水平不同，又可以将测试数据进一步细分为 6 小类：R 类数据可分为 R1 类、R2 类，C 类数据可分为 C1 类、C2 类，RC 类数据可分为 RC1 类、RC2 类，其中 R1 类数据中客户的时间窗口窄，R2 类数据中客户的时间窗口宽，C1，C2，RC1，RC2 分类标准与之类似。同一小类测试数据的节点坐标相同、时间窗不同，不同小类测试数据的节点坐标不同、时间窗不同、车辆容积不同。

针对大规模 VRPTW 没有测试算例，Homberger 与 Gehring 扩展的 Solomon 的标准测试集，构造了 200、400、600、800、1 000 个客户点的 VRPTW 测试算例，其各节点的位置关系与 Solomon 的标准测试集类似，其也可在 http://www.sintef.no/static/am/opti/projects/top/vrp/benchmarks.html 下载。

2. Li 与 Lim 的标准测试集

Li 与 Lim 的标准测试集是在 Solomon 的标准测试集、Homberger 与 Gehring 测试集的基础上，依据 PDPTW 问题特点进行改进。将原来只模拟送货或接货业务，转换为模拟接送货业务，即客户的一次任务是从一个点取货送到另一个点。节点的位置依然与 Solomon 的标准测试集相同，但各位置的客户点有取、送货的对应关系。

根据以上介绍可知，二类测试集基本覆盖了各种路线与客户情况的 VRPTW、PDPTW，因此本文采用此二类测试集进行算法测试是可行的。

第三章　求解 VRPTW 的插入检测法研究

第二章总结梳理了求解 VRPTW 的各类算法，本章将对可运用于多种 VRP 求解算法中的基础算子——插入检测法展开深入研究。先介绍插入检测法的定义与分类，对求解 VRPTW 已有的插入检测法进行梳理总结，对已报道的前推值插入检测法的插入充要条件进行数学证明，分析其计算复杂度。在此基础上提出时差概念、时差插入检测法，证明时差插入的充要条件，分析其计算复杂度。最后将时差插入检测法、前推值插入检测法分别应用于经典启发式算法框架，设计仿真程序，对求解的结果及速度进行分析比较。

3.1　问题的提出

求解 VRPTW 的算法可分为三类：一是精确算法；二是传统启发式算法，主要是线路的构造启发式算法与改进算法；三是智能启发式算法，主要有遗传算法、禁忌搜索算法、蚁群算法、模拟退火算法等。从已有的研究成果看，大部分算法在求解 VRPTW 过程中均保持当前解可行，精确算法与传统启发式算法依据不同的插入规则或启发策略将未访问的点插入到当前解中，而智能启发式算法的则在初始解生成、邻域变换过程中存在大量的插入并保持当前解可行的过程。因此，插入过程是构成各类求解 VRPTW 算法的一个基础算子。

该过程一般包括两个步骤：一是按一定的启发规则选择相应的点进行插入；二是检测插入的可行性。插入可行性检测主要是检测插入后当前解是否依然满足问题的约束条件，对于 VRPTW 来说，问题的约束条件检测主要有两个方面，即检测车辆的最大载重与各客户点的时间窗口约束是否满足。车辆的最大载重量约束的检测主要是检测该插入点的需求量加上当前车辆的载重量是否仍然不超过车辆的最大载重量，此过程比较简单，而插入后各客户点的时间窗检测则比较复杂，如图 3-1 所示，因为在当前线路上插入一点后，会引起插入位置后各客户点车辆到达时间发生变化，所以要依次计算插入位置后各客户点车辆新的到达时间，并判断其是否在客户的时间窗口内。图中 e_i、l_i 分别代表各客户点与配送中心时间窗口的上限与下限，b_i 则表示在当前解中各客户点到达时间（$i = 1, 2, \cdots, n$），从图中可知，当客户点 7 插入到当前解前，各点的 b_i 值均在区间 $[e_i, l_i]$，当将客户点 7 插入点 1 与点 2 之间后，点 2 及其之后点的 b_i 值均会后推，因此就有可能不在区间 $[e_i, l_i]$ 内。因此，如何高效正确的在插入前或插入后检测当前解是否还是满足问题的约束条件是决定插入基础算子计算效率的关键。

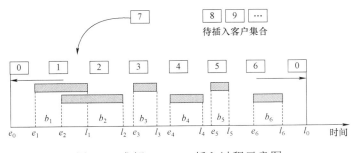

图 3-1　求解 VRPTW 插入过程示意图

3.2　插入检测法的概述

1. 插入检测法的定义与分类

本书将插入检测法定义为在求解各类 VRP 算法的插入算子中，为保持当前解可行或部分可行，检验插入有效性方法的总称。因此，只要在求解 VRP 的各类算法的迭代过程中要保持当前解可行或部分可行，均要采取相关的方法来检测当前解可行或部分可行。按照检测方法的特点，本书对已有的检测方法作如下分类。

1）按照检测的约束类型可分为时间窗口约束检测、载重量约束检测等。时间窗口检测方法是专门验证当前解是否满足时间窗约束条件的检验方法，如Solomon 的前推值插入检测法。由于 VRPTW 的重要性以及时间窗口约束检测的复杂性，时间窗口检测方法的研究是当前插入检测研究的重点。

2）按照检测的过程是在插入前还是在插入后，可分为插入前检测与插入后检测。已有的大部分检测方法均为插入后检测，插入后检测实质上是一种验证检测，即要先将点插入到当前解后，再运用约束条件进行试算验证。而插入前检测则是在正式插入前，通过检测插入的充要条件，判断插入是否可行，可行则插入，否则试下一个点，如 Solomon 的前推值插入检测法。显然，高效简单地插入前检测方法可以大大提高插入过程的效率与算法程序编写的灵活度。

2. 插入检测法的研究意义

正如前文所述，插入检测的过程广泛存在，如文献所提出的构造启发式算法求解 VRPTW 中，可行解的构造过程就是将待插入客户逐步插入当前解，并保持时间窗口约束满足；文献中各类智能启发式算法的邻域变换过程与初始解生成过程等均采用了插入检测过程。但分析以上文献中发现，大部分算法的插入检测过程还是采用插入后验证这一思路，即为插入后检测，这大大降低了算法的计算速度，因此设计高效简单地插入前检测方法来提高插入的速度，进而提高求解 VRPTW 算法的速度，具有较高的应用价值。另外，已有的研究文献很少涉及该领域，没有专门的文献对插入检测法进行研究，只有 Solomon在文献论述求解 VRPTW 的各类插入启发式算法时，用一节的篇幅介绍了前推值插入检测法。因此，专门研究插入检测法对推动 VRP 算法的研究有重要的理论意义。

3.3　前推值插入检测法

前推值插入检测法（PFIDM）最早由 Solomon 提出，其是迄今为止在求解 VRPTW 时间约束条件检测的最重要的方法之一，阐述该方法的文献迄今为止已被其他的学者引用 1 141 次，本节将详细介绍该方法，并运用数学方法对该方法加以证明。

3.3.1　前推值的概念及前推插入定理

设有一条可行线路 $Route_i = (i_0, i_1, \cdots, i_{r-1}, i_r, i_{r+1}, \cdots, i_n, i_o)$，$i_o$ 为车场，$i_r (r = 1, 2, \cdots, n)$为车辆要进行取货或送货作业的客户点，$u$ 为准备插入位置 i_{j-1} 与 i_j 间的待插入客户的，$1 \leqslant j \leqslant n+1$，$b_j$ 为车辆到达客户点 i_j 并开始服务的时间，s_j 为车辆在客户点 j 的服务时间，t_{ij} 为车辆在点 i, j 间的行驶时间，t_{ij} 满足三角不等式，点 j 的时间窗为 $[e_j, l_j]$，由 VRPTW 的特点可知，$b_j = \max\{e_j, b_i + s_i + t_{ij}\}$，$w_j$ 为车辆在点 i_j 的等待时间，$w_j = \max\{0, e_j - (b_i + s_i + t_{ij})\}$。

若用 b'_j 表示在位置 i_{j-1} 与 i_j 间插入客户点 u 后，点 i_j 新的开始服务时间，则可定义前推值（Push Forward，PF）如下。

定义 1：$PF_j = b'_j - b_j, j = 1, 2, \cdots, n$

因 b'_j 为插入 u 点后点 i_j 新的开始服务时间，车辆在 u 点要多花费时间 s_u，且 $t_{iu} + t_{uj} \geqslant t_{ij}$，故 $b'_j \geqslant b_j$，故 $PF_j \geqslant 0$，如图 3-2 所示，图中灰色框代表各客户点的时间窗口。

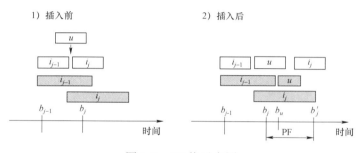

图 3-2　*PF* 值示意图

且有以下递推公式成立：

定理 1： $PF_{j+1} = \max\{0, PF_{j-w;+1}\}$，$j = 1, 2, \cdots, n$

证明：由 PF 的定义可知

$$PF_{j+1} = b'_{j+1} - b_{j+1} \tag{3-1}$$

又因为：

$$b'_{j+1} = b'_j + s_j + t_{j,j+1} + w'_{j+1}，\quad w'_{j+1} \text{为插入点 } u \text{ 后，点 } i_j + 1 \text{的等待时间} \tag{3-2}$$

$$b_{j+1} = b_j + s_j + t_{j,j+1} + w_{j+1} \tag{3-3}$$

将式（3-2）、式（3-3）代入式（3-1），可得：

$$PF_{j+1} = b'_j + w'_{j+1} - b_{j+1} - w_{j+1} \tag{3-4}$$

又因为：

$$w'_{j+1} = \max\{0, e_{j+1} - b_u - s_u - t_{u,j+1}\}$$

而 $b_u = b_j + s_j + t_{j,u} + w_u$

故有：

$$w'_{j+1} = \max\{0, e_{j+1} - b_j - s_j - t_{j,u} - w_u - s_u - t_{u,j+1}\} \tag{3-5}$$

$$w_{j+1} = \max\{0, e_{j+1} - b_j - s_j - t_{j,j+1}\} \tag{3-6}$$

又因为 $w_u \geqslant 0$，$s_u \geqslant 0$，$t_{j,u} + t_{u,j+1} \geqslant t_{j,j+1}$，故有：

$$w_{j+1} \geqslant w'_{j+1} \geqslant 0 \text{ 成立} \tag{3-7}$$

现对式（3-4）分情况讨论

i）若 $w'_{j+1} > 0$

则由式（3-7）可知 $w_{j+1} > 0$

则由 b_j 的定义可知：

$$b'_{j+1} = b_{j+1} = e_{j+1}$$

所以：$PF_{j+1} = 0$；

ii）若 $w'_{j+1} = 0$

则式（3-4）变为 $PF_{j+1} = b'_j - b_{j+1} - w_{j+1} = PF_j - w_{j+1}$；

综合 i）、ii）以上两种情况，可知定理 1 成立。

由前推值的定义可知，前推值实质上反映了待插入位置之后的客户点在插入前后开始时间的增加量。若待插入位置后各点原来均无等待时间，则该增加量将传导到待插入位置后各客户点，若部分客户点原来有等待时间，则该增加量在传导的过程中将被抵消一部分。

由前推值的定义，Solomon 进而给出了将客户点插入到线路的充要条件。

定理 2：将 u 插入位置 i_{j-1} 与 i_j 的充要条件为：

i）$b_u \leqslant l_u$

ii）$b_{ir} + PF_{ir} \leqslant l_{ir}$, $\quad j \leqslant ir \leqslant n$

证明：

1）充分性

由条件 i）$b_u \leqslant l_u$ 可知，插入客户点 u 后，u 的开始时间在其时间窗口内；

将 PF_{j+1} 的定义 $PF_{j+1} = b'_{j+1} - b_{j+1}$ 代入条件 ii），可得：

$$b_{ir} + b'_{ir} - b_{ir} = b'_{ir} \leqslant l_{ir}, \quad j \leqslant ir \leqslant n \qquad （3\text{-}8）$$

即所有待插位置之后的点均符合其自身时间窗口的要求，所以充分性得证。

2）必要性

若将客户点插入位置 i_{j-1} 与 i_j 的可行，则有条件 $b_u \leqslant l_u$ 显然成立；

又设点 j 为邻近插入点 u 的后点，则依条件可知：

$$b_j \leqslant l_j, \quad PF_j = b'_j - b_j;$$

故有：

$$b_j + PF_j = b_j + b'_j - b_j = b'_j; \qquad （3\text{-}9）$$

又因插入点 u 可行，故有 $b'_j \leqslant l_j$；

所以有 $b_j + PF_j \leqslant l_j$，必要性得证。

3.3.2　前推值插入检测法的计算复杂度分析

利用定理 1 与定理 2 可检测待插客户插入指定位置的可行性，定理 1 用来递推计算待插位置后各点的 PF 值，定理 2 则用来判断。下面分析该检测法的计算复杂度，设有 n 个客户点的线路 $Route_i$ $(P_0, P_1, \cdots, P_{i-1}, P_i, P_{i+1}, \cdots, P_n, P_0)$ $(i=1, 2, \cdots, n)$, P_0 为配送中心，将 P_j 点插入线路 $Route_i$，考虑最坏的情况，可行插入点位置在 $Route_i$ 的最后，即在 P_n, P_0 之间，则其计算次数为：计算待插入点在各位置的 b_u 值共 $n+1$ 次；在每一位置计算该位置后各点的 PF 值与等待时间 w_j，共有 $n+1$ 个位置，各位置计算的次数分别为 $2n, 2(n-1), \cdots, 2, 0$ 次，故共计 $(n+1)n$ 次，所以其总计算次数为 $n+1+(n+1)n = (n+1)^2$ 次，计算的时间复杂度为 $o(n^2)$；因前推值插入检测法在检测过程中只需要使用 b_u 值与等待时间 w_j，所以有其占用空间为 $2(n+2)$，计算的空间复杂度为 $o(n)$。

相比于传统的基于时间窗约束检测的方法，前推值插入检测法的计算复杂度并不具优势，因为基于时间窗约束检测的方法的检测过程只要在插入完成后，计算插入待插点后各点新的开始时间 b_i' $(i=1, 2, \cdots, n+1)$ 即可，故其总的计算次数也为 $(n+1)^2$ 次；又因其在检测过程中不须额外保存检测所需的数据，故其空间复杂度为常数。

但相比于传统的基于时间窗约束检测的方法，PFIDM 的优势在于其实现的插入前检测，而不是插入后验证，因此，可省去检测前事先插入的过程，待检测通过后再插入，从而可省去一部分不可行插入过程，提高了算法的运行速度，同时插入前检测也提高了程序编写的灵活性。

3.4 时差插入检测法

3.4.1 时差的定义

定义 1：设有一条可行线路 $Route_i$ $(P_0, P_1, \cdots, P_{i-1}, P_i, P_{i+1}, \cdots, P_n, P_0)$，$P_0$ 为车场，$P_i(i=1, 2\cdots, n)$ 为车辆要进行取货或送货作业的客户点，e_i 与 $l_i(i=1, 2, \cdots, n)$ 为车辆在各点作业的最早开始时间与最迟开始时间，车辆在 P_i 点作业的开始时间必须在区间 $[e_i, l_i]$ 之内，车辆可早到，但要等到 e_i 才开始作业，e_0 与 l_0 分别为

车场 P_0 的开放时间与关闭时间，所有车辆均要在 l_0 之前完成作业，回到车场。s_i 为车辆在 P_i 点作业的服务时间，$t_{i-1,i}$ 为车辆从 P_{i-1} 到 P_i 的时间，$wait_i$ 为车辆在 P_i 点的等待时间。

定义 2：车辆在 P_i 点作业的最早完成时间为 EF_i，$EF_i = \mathrm{Max}(e_i + s_i, EF_{i-1} + t_{i-1,i} + s_i)$，$(i = 1, 2, \cdots, n)$。

定义 3：车辆在 P_i 点作业的最早开始时间为 ES_i，$ES_i = EF_i - s_i$，$(i = 1, 2, \cdots, n)$。

定义 4：车辆在 P_i 点作业的最迟开始时间为 LS_i，$LS_i = \mathrm{Min}(l_i, LS_{i+1} - t_{i,i+1} - s_i)$。

定义 5：车辆在 P_i 点作业的最迟完成时间为 LF_i，$LF_i = LS_i + s_i$，$(i = 1, 2, \cdots, n)$。

根据以上定义，有以下推论成立。

推论 1：若可行线路 $Route_i (P_0, P_1, \cdots, P_{i-1}, P_i, P_{i+1}, \cdots, P_n, P_0)$ 存在 LS_i、ES_i，$(P_0$ 为车场，$i = 1, 2, \cdots, n)$，则有 $LS_i \geqslant ES_i$ 成立，$(i = 1, 2, \cdots, n)$。

证明：

采用反证法证明，假设 $LS_i < ES_i$ 成立；

由定义 4 得

$$LS_i = \mathrm{Min}(l_i, LS_{i+1} - t_{i,i+1} - s_i)；$$

分以下两种情况讨论：

i）当 $l_i \leqslant LS_{i+1} - t_{i,i+1} - s_i$ 时

则 $LS_i = l_i$；

故有 $l_i < ES_i$ 成立；

这显然与 VRPTW 的时间窗口约束矛盾；

ii）当 $l_i > LS_{i+1} - t_{i,i+1} - s_i$ 时

则 $LS_i = LS_{i+1} - t_{i,i+1} - S_i$；

故有 $LS_{i+1} - t_{i,i+1} - S_i < ES_i$ 成立，即有

$$LS_{i+1} < ES_i + t_{i,i+1} + s_i \text{ 成立。} \tag{3-10}$$

分析式（3-10）：

左边为车辆在客户点 P_{i+1} 处的最迟开始服务时间，右边为最早到达客户点 P_{i+1} 处的时间，若式（3-10）成立，则说明车辆服务的时间比最早到达的时间还要早，这显然与 VRPTW 的问题特点矛盾；

综合 i）、ii）可知 $LS_i < ES_i$ 不成立，也即推论 1 成立。

因车辆在 P_0 点无服务作业，$s_0 = 0$，故有 $EF_0 = e_0$，$LS_0 = l_0$，可由 EF_0、LS_0 可分别正向、逆向计算出 $Route_i$ 中各点的 EF、LS 值。

设 $Route_i$ 中任意相邻的两点为 P_{i-1}，$P_i(i=1, 2, \cdots, n)$，最早完成时间 EF_{i-1} 表示车辆完成从 P_0 到 P_{i-1} 各点服务作业的最早时间，而 LS_i 表示车辆要顺利完成从 P_i 到 P_n 各点的作业，应在 P_i 点开始作业的最晚时间。基于以上定义，本文给出时差（TD）的定义如下：

定义 6：设 p_i 与 p_j 为 $Route_i$ 中任意两点 $(i, j = 0, 1, 2, \cdots, n, j > i)$，$LS_j$ 为 p_j 点的最迟开始时间，EF_i 为 p_i 点的最早完成时间，则定义位置 i, j 间的时差 $TD_{i,j} = LS_j - EF_i$

时差反映了将待插入点插入到确定的位置后，在不影响其他所有点时间窗约束的情况下时间冗余量。若在 P_{i-1}，P_i 点之间插入点或子线路，只要插入后 P_i 点新的 LS_{inew} 值不超过 LS_i，则不会影响原来线路中各点的时间可行性。

3.4.2 时差插入检测定理

定理 3：设一条可行线路 $Route_i$ $(P_0, P_1, \cdots, P_{i-1}, P_i, P_{i+1}, \cdots, P_n, P_0)$ $(i=1, 2, \cdots, n)$，将 P_j 点插入位置 P_{i-1}，P_i 之间的充要条件是：

1）$EF_j - s_j \leqslant l_j$；

2）$TD_{i-1,i} \geqslant t_{i-1,j} + s_j + t_{j,i} + wait_j$。

证明：

1）充分性

若插入的点在插入位置满足条件 1）、$EF_j - s_j \leqslant l_j$，即表明 P_j 在插入位置的开始服务时间小于或等于其时间窗口的最迟开始时间；

若满足条件 2）$TD_{i-1,i} \geqslant t_{i-1,j} + s_j + t_{j,i} + wait_j$，

则按时差的定义，可推出：

$$LS_j - EF_i \geqslant t_{i-1,j} + s_j + t_{j,i} + wait_j;\tag{3-11}$$

也即 $\qquad LS_j \geqslant t_{i-1,j} + s_j + t_{j,i} + wait_j + EF_i ;$ （3-12）

而 $\qquad t_{i-1,j} + s_j + t_{j,i} + wait_j + EF_i = EF_j + t_{i-1,j} ;$ （3-13）

故有 $\qquad LS_j \geqslant EF_j ;$ （3-14）

由定义 2 可知 LS_j 是从线路 $Route_i$ 最后的客户点递推计算出来的不影响其后各点服务的最迟开始时间，因此若有 $LS_j \geqslant EF_j$ 成立，则表明将 P_j 点插入该位置后的完成时间在其最迟开始时间前，不会使其后各点的服务开始时间在其最迟开始时间之后。

所以，只要满足条件 1）与条件 2），可知该线路的点均满足时间窗口约束，充分性得证。

2）必要性

将 P_j 点插入位置 P_{i-1}，P_i 之间可行，则说明 P_j 点的开始服务时间在其最迟时间之前，所以条件 1）显成立。

将 P_j 点插入位置 P_{i-1}，P_i 之间可行，由推论 1 可知：

$$ES_j \leqslant LS_j ;$$

而由 ES 与 LS 的定义可知：

$$ES_j = ES_{i-1} + s_{i-1} + t_{i-1,j} + wait_j ;$$ （3-15）

$$LS_j = \mathrm{Min}(l_j, LS_i - t_{j,i} - S_j) ;$$ （3-16）

对式（3-16）分两种情况讨论：

i）当 $l_i > LS_{i+1} - t_{j,i+1} - S_j$ 时：

则 $\qquad LS_j = LS_i - t_{j,i} - S_j$ （3-17）

则有 $\qquad ES_{i-1} + s_{i-1} + t_{i-1,j} + wait_j \leqslant LS_i - t_{j,i} - S_j$ （3-18）

即 $\qquad LS_i - EF_{i-1} \geqslant s_{i-1} + t_{i-1,j} + t_{j,i} + s_j + wait_j$ （3-19）

即 $TD_{i-1,i} \geqslant t_{i-1,j} + s_j + t_{j,i} + wait_j$（条件 2）成立

ii）当 $l_j \leqslant LS_i - t_{j,i} - S_j$ 时：

则 $LS_j = l_j$

则有 $\qquad ES_{i-1} + s_{i-1} + t_{i-1,j} + wait_j \leqslant l_j \leqslant LS_i - t_{j,i} - s_j$ （3-20）

即 $\qquad ES_{i-1} + s_{i-1} + t_{i-1,j} + wait_j \leqslant LS_i - t_{j,i} - S_j$ （3-21）

同情况 i），故也有 $TD_{i-1,i} \geq t_{i-1,j} + s_j + t_{j,i} + wait_j$ ，条件 2 成立

综合以上两种情况可知，条件 2 的必要性得证；

所以条件 1 与条件 2 的必要性均得证；

综合必要性与充分性的证明过程，可知条件 1 与条件 2 是时差插入检测的充要条件。

3.4.3 时差插入检测法的算法框架

相比于 PFIDM 要保存线路中每点的最早开始时间，TDIDM 则要保存每一条线路的 EF_i、LS_i，并在插入完成后进行实时更新。因此 TDIDM 的算法为

设 $Route_i(P_0, P_1, \cdots, P_{i-1}, P_i, P_{i+1}, \cdots, P_n, P_0)(i=1, 2, \cdots, n)$ 为当前解 x 中第 i 条路线安排，P_0 为配送中心，将 P_j 点插入当前解 x 的第 i 条线路的检测过程为

第一步：随机或按某启发思想选定插入位置 P_{i-1}，P_i 及待插入点；

第二步：计算 ES_j、EF_j、$wait_j$、$TD_{i-1, i}$，其中 $wait_j = \text{Max}(0, e_j - EF_{i-1} - t_{i-1,j})$，$ES_j$、$TD_{i-1,i}$、$EF_j$ 的计算方法见上节的定义；

第三步：运用定理 3 进行检测，若满足则实施插入，并更新线路 $Route_i$ 插入点之后点的 EF 值与插入点之前点的 LS 值，若不满足则返回第一步检测下一个位置或换下一个待插入点。

3.4.4 时差插入检测法的计算复杂度

由以上时差插入检测法的算法框架，可对时差插入检测法进行计算复杂度的分析。设有 n 个客户点的线路 $Route_i(P_0, P_1, \cdots, P_{i-1}, P_i, P_{i+1}, \cdots, P_n, P_0)(i=1, 2, \cdots, n)$，$P_0$ 为配送中心，将 P_j 点插入线路 $Route_i$，考虑最坏的情况，可行插入位置在线路最后，时差插入检测法所需计算的次数为计算各点 EF、LS、$wait$ 值次数为 $3(n+2)$，计算各位置的 EF_j 值 $n+1$ 次，按定理 1 进行检测 $2(n+1)$ 次，总次数为 $6n+9$ 次，所以时间复杂度为 $o(n)$，占用空间为 $3(n+2)$。由 3.2.2 节中的分析可知，PFIDM 的计算时间复杂度为 $o(n^2)$，空间复杂度为 $o(n)$；传统按约束

条件检测方法的计算时间复杂度为 $o(n^2)$，空间复杂度为常数。比较三种插入检测法的计算复杂度可知，TDIDM 的计算时间复杂度要比 PFIDM 与传统按约束条件检测方法好，但空间复杂度比 PFIDM 与传统按约束条件检测方法稍差，但其与 PFIDM 还是处于同一数量级上。因此，当问题规模 n 比较大时，TDIDM 的检测速度比以上两种检测方法更具优势，这正体现了用空间换时间的算法优化思想。

3.5 测试与比较分析

为了测试时差插入检测法的可行性与计算速度，本书将两种检测法与 Solomon 的插入启发式算法 I（Insertion I，I I）基本算法框架相结合编写了基于前推值检测法的 I I 算法（用 I I _PFIDM 表示）与基于时差插入检测法的 I I 算法（用 I I _TDIDM 表示），两种算法分别计算标准测试算例进行比较。

算法采用 matlab7.0 编程实现，运行于奔腾 IV2.0G 的 PC 上，运算结果精确到两位小数，参数值均为：$a_1 = 1, a_2 = 1, \lambda = 0, \mu = 1$ 分别测试了 100 个点规模与 400 个点规模的两组算例集合。

表 3-1 与表 3-2 分别为基于不同检测法的 I I 算法在 100 个点与 400 个点的算例集上运行的结果，表中 MV 为平均车辆数，MD 为平均行驶总距离，MW 为平均总等待时间，MCPU 为平均运行时间（单位为秒）。分析表中的数据可得如下结论。

1）I I _TDIDM 与 I I _PFIDM 一样有效，两者计算的结果相同。

2）I I _TDIDM 在 100 个点与 400 个点的 VRPTW 问题上，均体现了其检测速度优势，100 个点的计算时间平均节约 18.44%，400 个点的计算时间平均节约 12.05%；在 100 个客户点的测试算例集中，除 LRC1 集之外，其他 5 个问题集的计算速度，I I _TDIDM 均优于 I I _PFIDM；在 400 个客户点的测试算例集中，除 LC1 集外其他 5 个问题集的计算速度，I I _TDIDM 均优于 I I _PFIDM。

3）I I _TDIDM 对时间窗为宽松型的问题类型表现出更大的速度优势，平均节约 35.40%（100 个客户点）、22.27%（400 个客户点）。因为宽松型问题集中，单条路径的长度更长，时差插入检测法相比于前推值插入检测法更能体现优势。

表 3-1　ⅡPFIDM 与 Ⅱ_TDIDM 的求解结果对比（100 个客户点）

问题集	ⅡPFIDM				Ⅱ_TDIDM				时间节约（单位：%）
	MV	MD	MW	MCPU	MV	MD	MW	MCPU	
LC1	10.11	1 117.51	285.55	2.94	10.11	1 117.51	285.55	2.90	1.38
LC2	3.75	950.38	1 332.81	4.69	3.75	950.38	1 332.81	4.00	17.25
LR1	15.17	1 685.64	296.60	4.23	15.17	1 685.64	296.60	4.14	2.17
LR2	3.91	1 477.59	556.27	6.30	3.91	1 477.59	556.27	4.04	55.94
LRC1	15.13	1 985.68	189.11	4.31	15.13	1 985.68	189.11	4.54	-
LRC2	4.38	1 811.77	548.70	5.60	4.38	1 811.77	548.70	4.21	33.02
合计	502	84 521.43	28 813.17	263.18	502	84 521.43	28 813.17	222.2	18.44

表 3-2　ⅡPFIDM 与 Ⅱ_TDIDM 的求解结果对比（400 个客户点）

问题集	ⅡPFIDM				Ⅱ_TDIDM				时间节约（单位：%）
	MV	MD	MW	MCPU	MV	MD	MW	MCPU	
LC1	44.80	11 858.75	1 767.45	103.50	44.80	11 858.75	1 767.45	105.82	——
LC2	13.90	6 485.62	2 072.84	213.51	13.90	6 485.62	2 072.84	201.694	5.86
LR1	39.60	12 102.94	7 986.67	45.00	39.60	12 102.94	7 986.67	41.784	7.70
LR2	8.70	10 130.27	7 999.18	93.91	8.70	10 130.27	7 999.18	59.57	57.65
LRC1	40.30	11 763.07	4 797.37	43.22	40.30	11 763.07	4 797.37	40.37	7.06
LRC2	10.50	9 366.38	6 573.06	80.18	10.50	9 366.38	6 573.06	60.25	33.08
合计	1 578	617 070.30	311 965.80	5 793.09	1 578	617 070.30	311 965.80	5 094.86	12.05

3.6　小结

1. 插入检测法是求解 VRPTW 各类算法的重要基础算子，本章论述了插入检测法的定义与分类，对求解 VRPTW 的重要插入检测法——PFIDM 进行了介绍。

2. 对 PFIDM 的原理进行了深入的分析，证明了 PFIDM 插入检测的充要条件，并分析了 PFIDM 的计算复杂度。计算复杂度分析表明，PFIDM 与传统基于时间窗约束条件的检测方法计算复杂度相当。

3. 提出了时差的概念及时差插入检测法，证明了 TDIDM 的充要条件，分析 TDIDM 的计算复杂度表明：TDIDM 的计算时间复杂度优于 PFIDM 及传统的基于时间窗约束条件的检测方法。

4. 对 PFIDM 与 TDIDM 进行了仿真测试，测试结果表明，TDIDM 与 PFIDM 一样有效，且 TDIDM 的检测速度优于 PFIDM，这一速度优势在宽松型的 VRPTW 上更明显。

第四章　求解 VRPTW 的插入
启发式算法研究

　　第三章对求解 VRPTW 的插入检测法进行了深入研究，提出了时差的概念。本章在此基础上，将时差应用于求解 VRPTW 插入启发式算法设计，提出时差插入启发式算法，详细介绍时差插入启发算法的启发方法、算法框架。最后利用标准测试算例进行分析测试，并将结果与已有的插入启发式算法进行比较分析。

4.1　问题的提出

　　求解 VRPTW 插入启发式算法的基本求解思路是按相应的启发规则选取客户点或边以及当前解上的插入位置，将选取的客户点或边插入到当前解的选取位置，直至所有的点均被插入，从而形成最终解。在该过程中，对插入启发式算法效率起决定作用的是选取客户点、边及插入位置的启发规则。

　　启发规则通常采用最小化或最大化评价函数。如式（4-1）所示：

$$Opt(x^*) = \min\{f(x)\} \text{ 或 } Opt(x^*) = \max\{f(x)\} \tag{4-1}$$

　　式（4-1）中，x 表示待插入的点集、边集或位置集合，x^* 表示最优的插入的点、边或位置，$f(x)$ 表示评价函数。如最早应用于插入启发式算法求解 VRPTW 的启发规则——节约值插入启发规则，以节约值作为选取待插点的评价函数，该点节约值越大则该点越应先插入当前线路，按这一启发规则，节约算法可快速生成满意解。

因此，结合 VRPTW 问题特点设计高效的启发规则是设计高效插入启发式算法的关键。本章将对该问题展开深入研究，其具体的内容安排如下：第一节介绍插入启发式算法的研究现状与研究意义；第二节介绍三种经典插入启发式算法的原理与算法框架；第三节介绍时差插入启发式规则及时差插入启发式算法；第四节对时差插入启发式算法进行仿真测试与比较分析。

4.2　求解 VRPTW 插入启发式算法的研究意义与研究现状

由第二章分析可知，VRPTW 模型对应大量实践应用且问题复杂度高，国内外学者对求解 VRPTW 方法进行了大量的研究。其方法主要分为三类：一是精确算法；二是经典启发式算法，主要是线路插入启发式算法与解改进方法；三是智能启发式算法，主要是遗传算法、禁忌搜索算法、蚁群算法等。文献对已有的研究成果进行了总结。从已有的研究成果看，启发式算法显示出较好的求解效率。近年来，大量文献报道了智能启发式算法，而对传统线路插入启发式算法关注较少。而相对其他启发式算法，求解 VRPTW 的线路插入启发式算法结构简单，速度快，能在短时间内求出满意解，因此非常适合对速度要求快的求解应用，更重要的是线路插入启发式算法是许多智能启发式算法的重要组成部分，高效的线路插入启发式算法能加快智能启发式算法的收敛速度。因此，研究插入启发式算法有一定的理论与实践意义。

Solomon 最先提出了大线路启发式算法，即先构造一条包含所有客户点的大环游，再考虑有关约束对线路进行切割。随后 Solomon 又提出了著名的前推值插入检测法，并在此基础上提出了几种线路插入启发式算法，包括基于节约值的插入启发式算法（SH）、最近邻居插入启发式算法（NNH）、插入启发式算法一（ＩⅠ）、插入启发式算法二（ＩⅡ）、插入启发式算法三（ＩⅢ）。ＩⅠ在对 56 个标准测试算例的测试中显示较好的求解效果。Potivn 与 Rousseau 引入了平行插入的方法，对 I I 进行了改进，而 Loannou 则基于 Solomon 的 PFIDM，引入最小影响函数，建立了插入启发，对两类插入启发式算法测试均显示出较好的求解效果。

4.3 经典插入启发式算法

4.3.1 Solomon 的插入启发式算法

Clarke 等为解决 VRP，设计了 C-W 节约法，但在插入过程中该方法仅考虑了距离因素，未考虑时间因素对解的影响。Solomon 扩展了 C-W 节约法，将距离和时间两个因素组合在一起考虑，提出了 4 种 VRPTW 的插入启发式算法，即节约启发式算法、时间导向的最近邻启发式算法、插入启发式算法和时间导向的扫描启发式算法。在车辆类型相同且数量不受限制的情况下，Solomon 的测试表明，插入启发式算法构建的解最优，下面对插入启发式算法进行介绍。

设有 n 个用户，用 0 点表示配送中心，$(i_0, i_1, i_2, \cdots, i_m)$ 表示 $m-1$ 个用户构成的当前线路，这里 $i_0 = i_m = 0$。对未在线路中的待插入用户 u，先根据式（4-2）

$$c_1(i(u), u, j(u)) = \min\{c_1(i_{p-1}, u, i_p)\}, \quad p = 1, 2, \cdots, m \tag{4-2}$$

计算它的最佳可行插入位置。然后，再根据式（4-3）

$$c_2(i(u^*), u^*, j(u^*)) = optimum[c_1(i(u), u, j(u))] \tag{4-3}$$

选取未构成线路的待插入用户 u^* 插入在线路 $i(u^*)$ 与 $j(u^*)$ 之间。如果所有待插入用户均不可行，则生成一条新的线路，直到所有用户均插入到线路为止。

式（4-2）、式（4-3）为启发的评价函数，其有三种形式：

1）形式一

$$c_{11}(i, u, j) = d_{0i} + d_{0j} - \mu d_{ij} \tag{4-4}$$

$\mu \geq 0$ 且为常数，d_{ij} 表示两点间的距离；

$$c_{12}(i, u, j) = b_{ju} - b_j \tag{4-5}$$

b_{ju} 表示插入用户 u 后，车辆在用户 j 处新的服务时间，而 b_j 表示原服务开始时间；

$$c_1(i,u,j) = a_1c_{11}(i,u,j) + a_2c_{12}(i,u,j) \qquad (4\text{-}6)$$

$a_1 + a_2 = 1$，a_1，a_2 为不小于 0 的常数；

$$c_2(i,u,j) = \lambda d_{0u} - c_1(i,u,j) \qquad (4\text{-}7)$$

$\lambda \geqslant 0$ 且为常数；选择使 $c_2(i,u,j)$ 最大的待插用户插入线路。

2）形式二

$$c_2(i,u,j) = \beta_1Rd(u) + \beta_2Rt(u) \qquad (4\text{-}8)$$

$\beta_1 + \beta_2 = 1$，$\beta_1 \geqslant 0$，$\beta_2 \geqslant 0$ 且均为常数；

这里 $Rd(u)$ 与 $Rt(u)$ 分别表示将待插用户 u 插入线路后，线路的总距离与总时间。选择使 $c_2(i,u,j)$ 最小的待插用户 u，作为插入用户。

3）形式三

$$c_{13}(i,u,j) = l_u - b_u \qquad (4\text{-}9)$$

$$c_1(i,u,j) = a_1c_{11}(i,u,j) + a_2c_{12}(i,u,j) + a_3c_{13}(i,u,j) \qquad (4\text{-}10)$$

$c_{11}(i,u,j)$ 与式 $c_{12}(i,u,j)$ 的定义与形式一定义相同

$a_1 + a_2 + a_3 = 1$，a_1，a_2，a_3 为不小于 0 的常数；

$$c_2(i,u,j) = c_1(i,u,j) \qquad (4\text{-}11)$$

选择使 $c_2(i,u,j)$ 最小的待插用户 u，作为插入用户。

Solomon 经过测试得出，采用上述形式一得到的解优于形式二与形式三得到的解。此外，他还指出问题时间窗口窄时，选择距配送中心最远的未构成线路用户作为线路的起始用户得到的解较好。而当问题的时间窗口宽时，应选择最早结束服务时间的未构成线路用户作为线路的起始用户。

4.3.2　并行插入启发式算法

Potvin 与 Rousseau 在 Solomon 的基础上提出了并行插入启发式算法，其过程如下。

1）运用 Solomon 的评价形式一选取 n_r 个种子客户，每个种子客户均形成一条初始化的线路。评价形式一的参数设定为 $\lambda = 1$，$a_1 = a_2 = 1$。

2）运用 Solomon 的评价形式一对每个待插客户 u，先计算其在每条线路中的最优插入位置：

$$c_{1r}^*(i_r(u), u, j_r(u)) = \min_{p=1,\cdots,m}[c_{1r}(i_{r_{p-1}}, u, i_{r_p})], r = 1, \cdots, n_r ; \qquad (4\text{-}12)$$

$$c_{1r}(i_r, u, j_r) = a_1 \cdot c_{11r}(i_r, u, j_r) + a_2 \cdot c_{12r}(i_r, u, j_r), a_1 + a_2 = 1, a_1 \geqslant 0, a_2 \geqslant 0. \qquad (4\text{-}13)$$

其中 c_{11r} 与 c_{12r} 的定义与 Solomon 的评价形式一相同。

3）运用以下准则选择最优待插入客户点

$$c_2(u^*) = \max_u[c_2(u)], c_2(u) = \sum_{r \neq r}[c_{1r}^*(i_r(u), u, j_r(u)) - c_{1r'}^*(i_{r'}(u), u, j_{r'}(u))] \qquad (4\text{-}14)$$

其中

$$c_{1r'}^*(i_{r'}(u), u, j_{r'}(u)) = \min_{r=1,\cdots,n_r}[c_{1r}^*(i_r(u), u, j_r(u))] \qquad (4\text{-}15)$$

4）将最优待插入客户 u^* 插入到最优插入位置

并行插入启发式算法其核心启发评价方法与 Solomon 的插入启发相同，但该启发式算法是并行插入的，即同时对 n_r 条线路进行构造，另外，该启发在评价最优的待插入客户时，计算了将该客户插入最优线路与其他线路评价函数的差值，选择最优客户插入到线路差值最大的线路中的最优位置。

4.3.3 基于预见性贪婪规则的插入启发式算法

2001 年，Ioannou 等提出的组合优化问题求解的预见性概念，提出了求解 VRPTW 的基于预见性贪婪规则的插入算法。算法的框架仍然沿用 Solomon 的插入启发式算法，即式（4-2）、式（4-3）。该算法提出三种评价函数：

1）插入客户 u 到线路对 u 的影响，即自身影响 IS_u

$$IS_u = a_u - e_u \qquad (4\text{-}16)$$

其中 a_u 为客户点 u 插入线路后车辆到达 u 的时间，e_u 表示客户点 u 的时间窗最早开始时间。

2）插入客户 u 到线路对目前未插入客户集合的影响，即外部影响 IU_u

$$IU_u = \sum_{j \in J-\{u\}} \left\{ [1/(|J|-1)] \times \max \left\{ \left(l_j - e_u - d_{uj} \right), \left(l_u - e_j - d_{uj} \right) \right\} \right\} \qquad （4-17）$$

其中 J 表示未插入客户集合，l_j，e_j，l_u，e_u 分别表示点 j 与点 u 的时间窗口上界与下界，d_{uj} 表示点 u 与点 j 之间的距离。

3）插入客户 u 到线路对线路中其他客户集的影响，即内部影响 IR_u

$$IR_u = \sum_{(i,j) \in I_r} LD_u / |I_r| \qquad （4-18）$$

其中 I_r 表示客户点 u 在线路 r 上的所有可行插入位置集合，

$$LD_u(i,j) = b_1 c_{1u} + b_2 c_{2u} + b_3 c_{3u}, b_1 + b_2 + b_3 = 1, b_1, b_2, b_3 \geqslant 0 \qquad （4-19）$$

其中

$$c_{1u}(i,j) = d_{iu} + d_{uj} - d_{ij} \qquad （4-20）$$

d_{ij}，d_{iu}，d_{uj} 表示两点间的距离，c_{1u} 表示 i 点 j 与的节约值；

$$c_{2u}(i,j) = [l_j - (a_i + s_i + d_{ij})] - [l_j - (a_u + s_u + d_{uj})] \qquad （4-21）$$

a_i，a_u 表示车辆在客户点开始服务时间，s_i，s_u 表示车辆在客户的服务时间，d_{ij}，d_{uj} 表示两点间的距离，c_{1u} 表示表示插入客户点 u 前后，j 点机动时间的变化情况。

$$c_{3u}(i,j) = l_u - (a_i + s_i + d_{iu}) \qquad （4-22）$$

l_u，a_i，s_i，d_{iu} 的定义与前面相同，c_{3u} 表插入点 u 后，点 u 的机动时间。

该算法综合运用以上三种评价函数对插入进行评价，其方法如下：

$$impact(u^*) = \min\{b_s IS_u + b_e IU_u + b_r IR_u\} \qquad （4-23）$$

其中 $b_s + b_e + b_r = 1$，$b_s, b_e, b_r \geqslant 0$，三个参数分别代表三种评价指标在总评价函数中的比重。选取 impact 值最小的点作为最优待插入点插入最优插入位置。

4.4 时差插入启发式算法

以上插入启发式算法的基本框架均是采用选取最优待插入点插入最优插入

位置，Solomon 的插入启发与并行插入启发的评价规则基本相同，即考虑插入位置的节约值，某点的插入后，时间的推移量以及该点距配送中心的远近等因素。时间推移量与插入位置的节约值越小越有利于好线路的构造，而该点距配送中心越远越应尽早插入到线路中。该方法即考虑了时间因素又考虑了距离因素，计算过程比较简单，但算法所需要的参数较多。而基于预见性贪婪规则的插入启发式算法则将评价规则转化为评价插入某点到线路后对自身、对线路其他客户集以及未插入客户集的影响，所考虑的因素全面，但所需计算量大，计算过程复杂，所需参数众多。

针对以上算法的不足，本书将时差引入插入启发式算法，并对 Solomon 的插入启发式算法进行改进，提出了时差插入启发式算法，其基本框架与 Solomon 的相同，即每次从当前未插入的点中选取最佳的点插入到当前解的最优位置。插入位置与插入点优劣的评价准则采用以下函数：

$$C(u^*) = \max\{a_1 d_{0u} + a_2 TD_{i-1,i} - a_2 S_{i-1,u,i}\} \tag{4-24}$$

$$S_{i-1,u,i} = d_{i-1,u} + d_{i,u} - d_{i-1,i} \tag{4-25}$$

$$TD_{i-1,i} = LS_i - EF_{i-1} \tag{4-26}$$

其中 d_{0u} 表示插入点 u 到配送中心的距离，$TD_{i-1,i}$，i 表示插入位置 p_{i-1} 与 p_i 之间的时差值，LS_i 表示点 p_i 的最迟开始时间，EF_{i-1} 表示点 p_{i-1} 的最早完成时间，表示将点 p_u 插入 p_{i-1} 与 p_i 之间的节约值，a_1，a_2，a_3 为参数，取值范围为[0, 1]，且 $a_1 + a_2 + a_3 = 1$。

两点间的时差反映了该位置两点之间的时间紧迫程度，时差越大，说明两点间的时间紧迫程度越小，在之间插入客户点越有可能。为待插入点距配送中心的距离远近，越远的越应尽早插入，则考虑了 p_u 点与 p_{i-1} 与 p_i 两点的位置情况，距 p_{i-1} 与 p_i 点越近的点越应尽早插入该位置。

该插入算法的启发规则比较简单，只有三个参数，算法的运算量不大，如果将此插入启发式算法与时差插入检测法一起使用，还可实现时差数据一次计算，二次使用，这可进一步减少算法的计算量，有利于提高算法的运行速度。

4.5　算法测试

基于时差的插入启发式算法采用 matlab7.0 编程实现，运行于奔腾 IV2.0G 的 PC 上，运算结果精确到两位小数。测试任务分成两个部分，第一部分为参数测试，测试参数的最佳取值组合；第二部分为比较测试，将本文算法与已有的同类算法进行比较，比较其求解质量与所需参数数量，并分析其求解速度。

4.5.1　参数测试

选取 Solomon 标准测试集中 100 个客户点的问题作为标准测试算例。参数 a_1，a_2，a_3 的取值范围为[0,1]，每次每个参数的变动量为 0.1，且 $a_1 + a_2 + a_3 = 1$，分别测试在不同的参数组合条件下标准测试算例集的结果。测试结果分为六组，分别是 C1 型问题集，其最优结果对应的参数为 $a_1 = 0.1$，$a_2 = 0.5$，$a_3 = 0.4$；C2 型问题集，其最优结果对应的参数为 $a_1 = 0.4$，$a_2 = 0.5$，$a_3 = 0.1$；R1 型问题集，其最优结果对应的参数为 $a_1 = 0.1$，$a_2 = 0.7$，$a_3 = 0.2$；R2 型问题集，其最优结果对应的参数为 $a_1 = 0.3$，$a_2 = 0.6$，$a_3 = 0.1$；RC1 型问题集，其最优结果对应的参数为 $a_1 = 0.1$，$a_2 = 0.8$，$a_3 = 0.1$；RC2 型问题集，其最优结果对应的参数为 $a_1 = 0.1$，$a_2 = 0.6$，$a_3 = 0.3$。表 4-1、表 4-2、表 4-3、表 4-4、表 4-5、表 4-6 分别给出了各问题类型各种参数组合情况下的运算结果，最优结果及参数取值情况在各表中用加粗表示。表 4-7 进一步总结了各问题集及全部问题的最优参数组合与最优平均值，由表 4-7 可得出参数 a_1、a_2、a_3 的最优取值区间分别为[0.1,0.4]、[0.5,0.8]、[0.1,0.4]，且 $a_1 + a_2 + a_3 = 1$；a_1、a_2、a_3 分别取 0.1、0.7、0.4 将使整个问题集求解效果最好。

以下表中 MV 表示平均使用车辆数、MD 表示平均行驶距离、MWT 表示平均等待时间、MCPU 表示平均所用的计算时间，单位为秒。

表 4-1　C1 问题参数测试结果

MV	MD	MWT	MCPU	a_1	a_2	a_3	MV	MD	MWT	MCPU	a_1	a_2	a_3
10.22	1 073.64	119.41	1.56	0.1	0.1	0.8	10.33	1 144.71	131.78	1.53	0.3	0.4	0.3
10.22	1 089.46	196.37	1.56	0.1	0.2	0.7	10.33	1 080.78	239.22	1.54	0.3	0.5	0.2
10.33	1 146.53	217.67	1.56	0.1	0.3	0.6	10.78	1 197.33	298.25	1.53	0.3	0.6	0.1
10.33	1 114.69	209.19	1.53	0.1	0.4	0.5	10.78	1 215.36	317.38	1.56	0.4	0.1	0.5
10	938.85	198.46	1.53	0.1	0.5	0.4	10.78	1 216.81	360.6	1.57	0.4	0.2	0.4
10.78	1 206.81	242.66	1.54	0.1	0.6	0.3	10.78	1 182.67	335.45	1.57	0.4	0.3	0.3
11.44	1 287.79	213.13	1.36	0.1	0.7	0.2	10.33	1 149.15	135.11	1.54	0.4	0.4	0.2
11.56	1 458.7	305.88	1.44	0.1	0.8	0.1	10.22	1 065.32	212.59	1.53	0.4	0.5	0.1
10.78	1 205.07	331.07	1.55	0.2	0.1	0.7	10.78	1 214.65	355.12	1.56	0.5	0.1	0.4
10.67	1 177.76	345.14	1.57	0.2	0.2	0.6	10.78	1 196.42	372.62	1.57	0.5	0.2	0.3
10.78	1 184.97	295.16	1.56	0.2	0.3	0.5	10.78	1 180.91	311.97	1.56	0.5	0.3	0.2
10.33	1 111.37	177.79	1.53	0.2	0.4	0.4	10.44	1 155.59	151.73	1.53	0.5	0.4	0.1
10.22	1 064.06	193.39	1.53	0.2	0.5	0.3	10.67	1 185.82	331.02	1.55	0.6	0.1	0.3
10.78	1 174.35	275.1	1.53	0.2	0.6	0.2	10.78	1 199.51	366.24	1.56	0.6	0.2	0.2
11.67	1 334.37	283.98	1.4	0.2	0.7	0.1	10.78	1 180.91	311.97	1.57	0.6	0.3	0.1
10.78	1 220.27	330.58	1.56	0.3	0.1	0.6	10.78	1 207.36	371.01	1.56	0.7	0.1	0.2
10.78	1 198.43	336.39	1.57	0.3	0.2	0.5	10.67	1 168.02	314.35	1.57	0.7	0.2	0.1
10.67	1 170.29	307.14	1.57	0.3	0.3	0.4	10.78	1 214.17	364.2	1.56	0.8	0.1	0.1

表 4-2　C2 问题参数测试结果

MV	MD	MWT	MCPU	a_1	a_2	a_3	MV	MD	MWT	MCPU	a_1	a_2	a_3
3.63	843.9	1 166.41	1.69	0.1	0.1	0.8	3.63	887.54	865.63	1.69	0.3	0.4	0.3
3.75	812.27	915.32	1.7	0.1	0.2	0.7	3.38	748.65	290.41	1.7	0.3	0.5	0.2
3.5	797.32	806.83	1.69	0.1	0.3	0.6	3.63	852.32	720.49	1.69	0.3	0.6	0.1
3.5	796.85	836.38	1.69	0.1	0.4	0.5	3.88	958.2	1 063.59	1.69	0.4	0.1	0.5
3.38	758.75	409.73	1.69	0.1	0.5	0.4	3.88	913.18	1 204.68	1.7	0.4	0.2	0.4
3.5	821.62	718.76	1.7	0.1	0.6	0.3	3.75	877.1	784.89	1.7	0.4	0.3	0.3
4	946.24	626.89	1.67	0.1	0.7	0.2	3.75	882.66	748.28	1.7	0.4	0.4	0.2
4.38	1 248.69	726.41	1.62	0.1	0.8	0.1	3.25	692.44	799.48	1.69	0.4	0.5	0.1

续表

MV	MD	MWT	MCPU	a_1	a_2	a_3	MV	MD	MWT	MCPU	a_1	a_2	a_3
3.75	909.38	851.77	1.69	0.2	0.1	0.7	3.88	972.46	1 088.64	1.69	0.5	0.1	0.4
3.75	801.12	1 111.16	1.69	0.2	0.2	0.6	3.88	913.18	1 204.68	1.7	0.5	0.2	0.3
3.5	830.8	872.37	1.7	0.2	0.3	0.5	3.75	887.33	774.07	1.69	0.5	0.3	0.2
3.63	891.79	859.03	1.69	0.2	0.4	0.4	3.75	909.15	714.74	1.7	0.5	0.4	0.1
3.38	739.02	299.97	1.69	0.2	0.5	0.3	3.88	971.98	1 089.11	1.69	0.6	0.1	0.3
3.63	825.36	726.88	1.69	0.2	0.6	0.2	3.88	916.56	1 203.97	1.69	0.6	0.2	0.2
4.25	1 004.06	859.44	1.69	0.2	0.7	0.1	3.75	912.15	787.96	1.7	0.6	0.3	0.1
3.88	955.31	1 042.19	1.69	0.3	0.1	0.6	3.88	971.87	1 088.64	1.69	0.7	0.1	0.2
3.88	874.74	1 190.45	1.69	0.3	0.2	0.5	3.75	915.57	1 130.87	1.69	0.7	0.2	0.1
3.75	837.82	1 015.73	1.69	0.3	0.3	0.4	3.88	977.94	1 305.06	1.69	0.8	0.1	0.1

表 4-3　R1 问题参数测试结果

MV	MD	MWT	MCPU	a_1	a_2	a_3	MV	MD	MWT	MCPU	a_1	a_2	a_3
14.92	1 643.52	285.88	1.97	0.1	0.1	0.8	15.08	1 633.67	307.67	1.83	0.3	0.4	0.3
14.92	1 652.02	303.21	1.92	0.1	0.2	0.7	15.42	1 610.59	352.11	1.98	0.3	0.5	0.2
15.08	1 644.47	309.63	1.96	0.1	0.3	0.6	15.08	1 517.85	371.19	1.99	0.3	0.6	0.1
15.33	1 645.67	322.85	1.89	0.1	0.4	0.5	15.5	1 704.58	299.21	1.89	0.4	0.1	0.5
15.17	1 643.28	338.62	1.91	0.1	0.5	0.4	15.08	1 658.65	275.96	1.88	0.4	0.2	0.4
15.25	1 530.96	393.8	2.01	0.1	0.6	0.3	15.5	1 682.34	302.36	1.81	0.4	0.3	0.3
13.25	1 387.07	285.60	2.19	0.1	0.7	0.2	15.17	1 649.03	306.89	1.8	0.4	0.4	0.2
14.25	1 586.19	258.61	2.26	0.1	0.8	0.1	15.42	1 613.98	332.12	1.92	0.4	0.5	0.1
14.83	1 660.9	293.53	1.91	0.2	0.1	0.7	15.25	1 687.89	251.66	1.87	0.5	0.1	0.4
15.08	1 672.31	293.44	1.9	0.2	0.2	0.6	15.42	1 703.71	261.82	1.83	0.5	0.2	0.3
15	1 643.39	294.41	1.88	0.2	0.3	0.5	15.5	1 702.56	294.05	1.82	0.5	0.3	0.2
15.58	1 705.74	314.02	1.8	0.2	0.4	0.4	15.5	1 660.24	320.64	1.79	0.5	0.4	0.1
15.33	1 579.85	373.08	1.9	0.2	0.5	0.3	15.42	1 727.55	235.83	1.86	0.6	0.1	0.3
15	1 518.5	360.16	1.99	0.2	0.6	0.2	15.33	1 720.48	246.65	1.85	0.6	0.2	0.2
14.17	1 533.85	272.27	2.2	0.2	0.7	0.1	15.25	1 713.93	261.58	1.82	0.6	0.3	0.1
15.17	1 669.02	285.95	1.89	0.3	0.1	0.6	15.42	1 734.36	228.22	1.86	0.7	0.1	0.2
15.5	1 677.03	304.39	1.87	0.3	0.2	0.5	15.33	1 733.97	241.65	1.87	0.7	0.2	0.1
15.33	1 655.54	308.62	1.86	0.3	0.3	0.4	15.33	1 738.13	232.89	1.86	0.8	0.1	0.1

表 4-4 R2 问题参数测试结果

MV	MD	MWT	MCPU	a_1	a_2	a_3	MV	MD	MWT	MCPU	a_1	a_2	a_3
3.64	1 445.98	439.5	1.67	0.1	0.1	0.8	3.64	1 466.83	276.79	1.67	0.3	0.4	0.3
3.73	1 433.84	412.85	1.66	0.1	0.2	0.7	3.36	1 408.88	209.41	1.67	0.3	0.5	0.2
3.64	1 428.02	375.52	1.67	0.1	0.3	0.6	3.18	1 219.14	393.25	1.71	0.3	0.6	0.1
3.64	1 416.64	325.57	1.67	0.1	0.4	0.5	3.73	1 527.03	285.41	1.77	0.4	0.1	0.5
3.73	1 379.96	398.35	1.67	0.1	0.5	0.4	3.91	1 527.53	304.22	1.79	0.4	0.2	0.4
3.36	1 304.48	314.2	1.67	0.1	0.6	0.3	3.82	1 512.83	316.44	1.76	0.4	0.3	0.3
3.45	1 393.97	319.47	1.68	0.1	0.7	0.2	3.64	1 466.18	235.31	1.75	0.4	0.4	0.2
3.73	1 533.71	396.12	1.7	0.1	0.8	0.1	3.64	1 437.79	251.21	1.74	0.4	0.5	0.1
3.73	1 454.87	380.39	1.67	0.2	0.1	0.7	3.82	1 559.54	268.06	1.81	0.5	0.1	0.4
3.82	1 487.26	348.52	1.66	0.2	0.2	0.6	3.91	1 541.9	269.1	1.78	0.5	0.2	0.3
3.73	1 435.06	298.3	1.67	0.2	0.3	0.5	3.91	1 520.79	310.93	1.87	0.5	0.3	0.2
3.45	1 425.47	288.09	1.66	0.2	0.4	0.4	3.73	1 466.76	245.54	1.83	0.5	0.4	0.1
3.64	1 399.68	303.4	1.67	0.2	0.5	0.3	3.82	1 556.4	252.71	1.81	0.6	0.1	0.3
3.36	1 339.2	258.96	1.67	0.2	0.6	0.2	3.82	1 542.18	275.08	1.83	0.6	0.2	0.2
3.64	1 448.32	301.31	1.69	0.2	0.7	0.1	3.91	1 544.03	274.37	1.86	0.6	0.3	0.1
3.64	1 500.89	267.66	1.67	0.3	0.1	0.6	3.73	1 569.74	237.11	1.81	0.7	0.1	0.2
3.82	1 531.39	295.74	1.67	0.3	0.2	0.5	3.91	1 578.39	277.16	1.85	0.7	0.2	0.1
3.82	1 484.69	300.63	1.66	0.3	0.3	0.4	3.91	1 593.41	274.66	1.89	0.8	0.1	0.1

表 4-5 RC1 问题参数测试结果

MV	MD	MWT	MCPU	a_1	a_2	a_3	MV	MD	MWT	MCPU	a_1	a_2	a_3
14.38	1 814.44	240.02	2.28	0.1	0.1	0.8	14.38	1 837.17	222.7	2.07	0.3	0.4	0.3
14.63	1 831.8	253.38	2.28	0.1	0.2	0.7	14.63	1 788.23	233.31	2.14	0.3	0.5	0.2
14.88	1 917.1	257.04	2.45	0.1	0.3	0.6	14.75	1 774.7	229.91	2.11	0.3	0.6	0.1
14.75	1 871.78	271.48	2.88	0.1	0.4	0.5	15	1 941.03	223.1	2.28	0.4	0.1	0.5
14.63	1 841.99	246.58	2.61	0.1	0.5	0.4	15	1 941.41	213.56	2.32	0.4	0.2	0.4
15.13	1 754.11	346.93	2.24	0.1	0.6	0.3	15.13	1 920.93	243.03	2.23	0.4	0.3	0.3
14.25	1 717.27	216.68	2.28	0.1	0.7	0.2	15	1 865.72	252.03	2.12	0.4	0.4	0.2
13.13	1 564.36	215.46	2.28	0.1	0.8	0.1	14.38	1 782.17	200.69	2.11	0.4	0.5	0.1
15.13	1 930.82	231.79	2.38	0.2	0.1	0.7	15	1 919.82	240.55	2.33	0.5	0.1	0.4

续表

MV	MD	MWT	MCPU	a_1	a_2	a_3	MV	MD	MWT	MCPU	a_1	a_2	a_3
15.13	1 909.31	240.79	2.35	0.2	0.2	0.6	15.5	2 005.53	200.97	2.33	0.5	0.2	0.3
15	1 896.38	250.24	2.28	0.2	0.3	0.5	15	1 893.82	212.72	2.11	0.5	0.3	0.2
14.75	1 868.61	247.15	2.2	0.2	0.4	0.4	14.63	1 849.86	212.09	1.93	0.5	0.4	0.1
14.88	1 851.69	241.86	2.09	0.2	0.5	0.3	15.38	2 011.83	194.32	2.09	0.6	0.1	0.3
14.88	1 749.87	256.31	2.04	0.2	0.6	0.2	15.13	1 951.83	200.04	2.12	0.6	0.2	0.2
14.63	1 778.13	203.28	2.15	0.2	0.7	0.1	15.25	1 943.17	194.81	2.01	0.6	0.3	0.1
15	1 956.65	210.2	2.36	0.3	0.1	0.6	15.13	2 029.1	169.43	2.09	0.7	0.1	0.2
14.75	1 926.63	235.07	2.21	0.3	0.2	0.5	15.38	1 987.97	203.18	2.09	0.7	0.2	0.1
15	1 919.01	224.35	2.14	0.3	0.3	0.4	14.75	1 990.95	133.24	2.07	0.8	0.1	0.1

表 4-6　RC2 问题参数测试结果

MV	MD	MWT	MCPU	a_1	a_2	a_3	MV	MD	MWT	MCPU	a_1	a_2	a_3
4.13	1 810.33	434.63	1.69	0.1	0.1	0.8	4.38	1 862.81	380.82	1.69	0.3	0.4	0.3
4.38	1 792.84	506.99	1.7	0.1	0.2	0.7	4.13	1 752.27	377.49	1.69	0.3	0.5	0.2
4.13	1 727.77	395.51	1.7	0.1	0.3	0.6	4.13	1 649.76	377.8	1.69	0.3	0.6	0.1
4.5	1 731.64	549.36	1.69	0.1	0.4	0.5	4.13	1 846.07	386.55	1.7	0.4	0.1	0.5
4	1 720.9	402.28	1.69	0.1	0.5	0.4	4.38	1 833.47	451.42	1.69	0.4	0.2	0.4
3.63	1 504.98	354.69	1.69	0.1	0.6	0.3	4.13	1 774.82	362.81	1.7	0.4	0.3	0.3
4.13	1 654.26	436.23	1.66	0.1	0.7	0.2	4.13	1 829.15	336.35	1.69	0.4	0.4	0.2
4.13	1 785.43	392.29	1.71	0.1	0.8	0.1	4.25	1 803.54	378.02	1.69	0.4	0.5	0.1
4.38	1 811.29	449.84	1.71	0.2	0.1	0.7	4.38	1 855.74	388.22	1.69	0.5	0.1	0.4
4.13	1 770.73	417.87	1.69	0.2	0.2	0.6	4.25	1 858.32	363.5	1.69	0.5	0.2	0.3
4.25	1 755.75	411.85	1.7	0.2	0.3	0.5	4.13	1 778.78	331.32	1.69	0.5	0.3	0.2
4.25	1 776.77	490.48	1.69	0.2	0.4	0.4	4	1 835.56	286.68	1.69	0.5	0.4	0.1
4.13	1 697.3	411.25	1.7	0.2	0.5	0.3	4.25	1 888.12	350.7	1.7	0.6	0.1	0.3
4	1 677.35	361.97	1.7	0.2	0.6	0.2	4.13	1 901.32	308.01	1.69	0.6	0.2	0.2
4.13	1 742.64	377.73	1.67	0.2	0.7	0.1	4.13	1 781.79	323.36	1.69	0.6	0.3	0.1
4.13	1 844.68	358.78	1.7	0.3	0.1	0.6	4.25	1 946.11	306.92	1.7	0.7	0.1	0.2
4.13	1 791.64	325.02	1.7	0.3	0.2	0.5	4.13	1 865.39	268.04	1.7	0.7	0.2	0.1
4.25	1 764.17	388.88	1.69	0.3	0.3	0.4	4.25	1 947.81	304.69	1.71	0.8	0.1	0.1

表 4-7　各问题集的最优参数组合与最优平均值

	最优参数组合			MV	MD	MWT	MCPU
	a_1	a_2	a_3				
C1 数据集	0.1	0.5	0.4	10	938.85	198.46	1.53
C2 数据集	0.4	0.5	0.1	3.25	692.44	799.48	1.69
R1 数据集	0.1	0.7	0.2	13.25	1 387.07	285.60	2.19
R2 数据集	0.3	0.6	0.1	3.18	1 219.14	393.25	1.71
RC1 数据集	0.1	0.8	0.1	13.13	1 564.36	215.46	2.28
RC2 数据集	0.1	0.6	0.3	3.63	1 504.98	354.69	1.69
全部数据集	0.1	0.7	0.2	8.55	1 394.84	341.03	1.82

4.5.2　比较测试

在以往的研究中，Solomon，Potvin 等，以及 loannou 等研究了插入启发式算法求解 VRPTW，Potvin 与 loannou 算法的求解目标只有两个，即第一目标为最小化车辆数量，第二目标为最小化行驶总距离，而 Solomon 算法的求解目标与本书完全一致，即除以上两个求解目标之外，还有第三求解目标：最小化总等待时间。选取 100、200、400 个客户点的问题进行测试，所使用参数均取上节所得的最优参数。表 4-8 给出了四种算法求解 100 个点问题集解质量的比较结果，本文算法在所有问题类型上求解质量均优于 Solomon 的算法，除问题集 R2 外，其他问题集的求解质量均优于 Potvin 的算法，但本书算法在所有的问题集中求解质量均比 loannou 的要差一些。

表 4-9 总结每种算法所运行的硬件平台、所使用的编程工具（loannou 等的未见报道）、所需设置的参数个数，以及每种算法运行每类问题集的平均时间（单位为秒）。除 loannou 的算法需要设置 6 个参数以外，其他算法的参数设置均只要 3 个；各算法对各问题集的求解时间因其所采用的硬件条件与编程工具不同，没有直接可比性，但从表 3 中可看出，本文算法均可在 2 秒内求出结果，其求解速度是比较快的。

表 4-10 也报道了求解 200 个点与 400 个点问题的求解时间，结果显示其求解时间是比较快速的，200 个点的各类型问题均能在 10 秒内求出，而 400 个点的各类型问题也可在 1 分钟内求出。另外表 4-10 还报道了求解 200 个点与 400 个点的求解结果与其各目前最好解的相差百分比，本书算法在第一目标最小化车辆使用数量上与最优解相差不大。

表中 MV 表示平均车辆数，MD 表平均行驶总距离，MW 表平均总等待时间，MCPU 表平均运行时间，单位为秒。

表 4-8 时差插入启发式算法与其他算法求解 **VRPTW** 结果对比（100 个客户点）

问题集	Solomon	Potvin 等	Ioannou 等	本书算法
	MV/MD/MW	MV/MD/MW	MV/MD/MW	MV/MD/MW
C1	10/951.90/152.3	10.67/1 343.69–	10.00/865.00/–	10.00/938.85/198.46
C2	3.13/692.70/228.6	3.38/797.59/–	3.13/662.00/–	3.25/692.44/799.48
R1	13.58/1 436.70/258.8	13.33/1 509.04/–	12.67/1 370/–	13.25/1 387.07/285.60
R2	3.27/1 402.4/175.6	3.09/1 386.67/–	3.09/1 310.00/–	3.18/1 219.14/393.25
RC1	13.50/1 596.50/178.5	13.38/1 723.72/–	12.50/1 512.00/–	13.13/1 564.36/215.46
RC2	3.88/1 682.10/273.2	3.63/1 651.05/–	3.50/1 483.00/–	3.63/1 504.98/354.69
合计	453/73 004/–	453/78 834/–	429/67 891/–	444.00/68 599.24/20 496.06

表 4-9 本书算法与其他求解 **VRPTW** 启发式算法的计算速度与参数个数

问题集	Solomon（DEC-10）（FORTRAN）（3 个参数）	Potvin 等（IBM-PC）（FORTRAN）（3 个参数）	Ioannou 等（Pentium 133M）（——）（6 个参数）	本书算法（Pentium IV2.0G）（MATLAB7.0）（3 个参数）
C1	25.30	856.90	168.00	1.23
C2	43.00	1 042.70	294.00	1.45
R1	24.70	882.20	141.00	1.84
R2	62.60	1 884.50	384.00	1.43
RC1	23.80	891.60	126.00	1.65
RC2	51.70	1 428.70	300.00	1.43
平均	38.52	1 164.43	235.50	1.51

表 4-10　时差插入启发式算法与当前最优解的对比

问题集	200 个点	
	本书算法 （MV/MD/MW/MCPU）	与当前最好解相差百分比/%
C1	19.90/3 325.04/550.17/7.08	5.85/22.55/–
C2	6.80/2 336.36/1 381.48/9.19	13.33/27.56/–
R1	19.50/5 061.30/2 809.80/5.17	7.73/39.19/–
R2	4.30/4 230.94/2 612.25/5.26	7.50/44.43/–
RC1	18.90/4 557.00/1 703.62/4.97	5.00/43.35/–
RC2	5.10/3 685.00/2 207.14/5.25	18.60/44.69/–
问题集	400 个点	
	本书算法 （MV/MD/MW/MCPU）	与当前最好解相差百分比/%
C1	39.60/8 591.66/1 097.57/40.58	5.32/19.79/–
C2	12.90/5 747.68/1 562.48/54.64	10.26/45.52/–
R1	37.80/11 851.42/8 484.83/31.56	4.42/40/–
R2	8.20/9 497.06/8 057.56/24.76	2.50/53.46/–
RC1	37.30/10 642.34/5 201.92/31.19	3.61/34.25
RC2	9.70/8 303.13/6 925.61/25.58	14.12/57.70/–

4.6　小结

　　求解 VRPTW 的插入启发式算法是一类重要的求解 VRPTW 启发式算法，其不仅有速度快、参数设置少的优点，而且其也是智能启发式算法的重要组成部分。本章对求解 VRPTW 的插入启发式算法进行了深入的研究，主要作了以下工作。

　　一是分析了插入启发式算法的研究现状与研究意义，介绍了三种经典插入启发式算法的启发原理；

二是提出了时差插入启发式算法，介绍了该算法的启发规则、算法构架；

三是运用仿真程序对时差插入启发式算法进行测试，测试了该算法的最佳参数组合，比较分析该算法与三种经典插入启发式算法表明本书算法求解质量优于Solomon 的算法与 Potvin 的算法，稍劣于 loannou 的算法，但本书算法相对于loannou 的算法而言，参数要求少，结构简单。总体分析认为本书算法求解速度快（2 秒内可求出满意解），求解质量较高。

第五章　带时间窗取送货问题研究

第三、第四两章对求解 VRPTW 的经典启发式算法进行了深入研究，本章将在此基础上，对 VRPTW 的扩展问题——带时间窗取送货问题（PDPTW）展开深入研究。首先建立 PDPTW 的整数规划模型，然后设计求解该问题的遗传算法，详细介绍算法的框架、编码方法、选择算子、以及整合了时差插入检测法的初始解生成过程、交叉算子、变异算子。最后利用标准测试算例进行测试，比较该算法与已有的通用启发式算法的求解效率。

5.1　带时间窗取送货问题概述及其研究现状

5.1.1　带时间窗取送货问题概述

PDPTW 可描述为安排一组位于车场的同类型车辆完成一组已知的运送任务，每个运送任务均由一个取货点、一个送货点与一确定的运量组成，且每一点均有一时间窗口（即在该点装或卸货的最早开始时间与最迟开始时间），车辆不能迟于某点的最迟开始时间到达此点，但可早于该点的最早开始时间到达，早到则此车须等待。每辆车的最大装载能力一定，每一运送任务只能由同一辆车完成，每辆车从车场出发，完成任务后回到车场。如何安排运送路线，使得既能满足以上约束条件，又能使所用车辆数量最少，行驶总路程最短，所产生的总等待时间最少。

由以上问题描述可知，相比于 VRPTW，PDPTW 还具有以下特点：一是访问的取送货点是配对的，即一个取货点与一个送货点相对应；二是访问每一对取送货点时，取货点的访问必须先于送货点。

通常，PDPTW 可依据执行取送货任务的车辆数量情况分为单车带时间窗取送货问题（1-PDPTW）与多车带时间窗取送货问题（m-PDPTW）。1-PDPTW 中只有一辆车完成所有取送货任务，而 m-PDPTW 则有多辆车组成车队来共同完成所有的取送货任务，通常用 PDPTW 表示 m-PDPTW。

PDPTW 在生产和生活实践中大量存在。如带时间窗的电话叫车问题（DARPTW）、带时间窗的残疾人接送问题（HTPTW）以及快递公司带时间窗的信件收发问题（CCPDPTW）等。DARPTW 与 HTPTW 服务的对象是人，其工作内容就是在客户的出行要求事先已知的前提下，如何最优安排车辆与行车路线在客户所规定的时间范围内，将人从出发地接走，直接送到达目的地。CCPDPTW 服务的对象是重要信函或文件，客户事先通知快递公司取信及送信的地点、时间，由快递公司来组织与调度车辆，即要满足用户的要求，又要实现节约成本的目的。

5.1.2　带时间窗取送货问题的研究现状

相对于 VRPTW，PDPTW 的研究文献报道较少。已有的文献主要关注于运用各种算法求解 PDPTW，Savelsbergh 与 Sol 对 PDPTW 的研究情况进行了综述，本书在其基础上，结合 PDPTW 的最新研究成果从求解 PDPTW 的精确算法、经典启发式算法以及智能启发式算法三个方面进行综述。

1. 精确算法

1980 年，Psaraftis 提出了求解 1-PDPTW 的动态规划算法，求解了小规模的问题。随后 Desrosiers 等也运用动态规划算法求解了大规模 1-PDPTW。1991 年，

Dumas 等提出了求解 m-PDPTW 的分支定界算法，该算法利用求带约束的最短路算法来获得 m-PDPTW 的解，并解决了 30 个需求点以内的实际问题。

2. 经典启发式算法

借助"先分组、再路由"的启发思路，Bodin 与 Sexton 提出了求解 m-PDPTW 的"分组路由"启发式算法，即先将取送货需求分配给每一台车，然后再对每一台车求解一个 1-PDPTW，即得到问题的解。Desrosiers 则提出了极小客户簇的概念，极小客户簇是指一组客户群所组成一条可行路径，该路径上车辆在起点与终点上的载重量均是零，极小客户簇可以被看成为一辆空载的车辆。Desrosiers 通过构造大量的极小客户簇来求解 PDPTW。Jaw 等、Madsen 等则运用 Solomon 的插入启发式算法求解了 DARPTW，也取得了不错的效果。

为了提高求解 PDPTW 算法的求解质量，Vander Bruggen 等提出了基于边交换的可变深度的搜索过程，该算法可有效改善构造解质量。Toth 与 Vigo 则针对 PDPTW 的特点提出了点交换的改进方法，专门设计了线路内的点交换方法与线路间的取送货点对的交换方法。

3. 智能启发式算法

因经典启发式算法的求解过程容易陷入局部最优，因此，近十年来，求解 PDPTW 的智能启发式算法越来越受到研究学者关注。Gendreau 等提出求解 PDPTW 的禁忌搜索算法，算法利用喷出链的概念构造邻域结构，利用自适应记忆库来保存一定数量的当前最优解，当算法的搜索过程陷入困境时，从自适应记忆库中提出当前最优解重新搜索。Nanry 与 Barnes 则提出了反应式禁忌搜索算法求解 PDPTW，该算法搜索过程不断根据搜索的进程调整禁忌表的长度。Lau 与 Liang 也提出了禁忌搜索算法求解 PDPTW，该算法利用分区插入启发生成初始解，通过移动与交换取送货点对来变换邻域结构，运用 100 个点的算例测试，该算法取得了较好的求解效果。

相对于求解 PDPTW 的禁忌搜索算法近年来被大量报道，其他的智能启发式算法求解 PDPTW 报道比较少，仅有的主要研究成果包括 Li 与 Lim（2001）提出了整合禁忌搜索与模拟退火启发的混合启发式算法，并求解的问题规模为 100 个点的标准算例；Pankratz 介绍了组群遗传算法（GGA）；通过运用特殊的编码解码技术，该算法实现了基于车辆的遗传编码、交叉与变异方法，算法求解问题规模为 100 的标准算例，取得了较好的求解效果。Popke 与 Pisinger 提出了自适应大邻域搜索算法，该算法不仅求解了 PDPTW，还处理了多车场 PDPTW 的情况。Bent 与 Van Hentenryck 通过分阶段运用模拟退火启发与大邻域搜索技术，提出了两阶段混合启发式算法。第一阶段运用模拟退火启发最小化车辆数量，第二阶段运用大邻域搜索技术最小化总路径长度。

4. 对已有研究现状的评价

已有的研究多关注于运用智能启发式算法求解 PDPTW，且求解目标多只关注最小化使用车辆数与总线路长度，对总等待时间最小化关注较少，而在现实中，车辆的等待时间也是衡量车辆配送效率与成本的重要指标。另外，已有文献报道的多为禁忌搜索算法，其他智能启发式算法较少，因此设计高效快速的其他智能启发式算法求解多目标 PDPTW 有一定的研究价值。

5.2　带时间窗取送货问题的数学模型

带时间窗取送货问题的混合整数规划模型可描述如下：用有向图 $G = (V, E)$ 来表示配送网络，设有 n 个客户，每个客户均有一个取货点与一个送货点，取货点的位置用 i 表示，送货点的位置用 $n+i$ 表示，配送中心用 0 表示，集合 P^+ 表示所有收货点的集合，P^- 表示所有送货点的集合，$P = P^+ \cup P^-$，$V = P \cup \{0\}$。车辆在客户的取货点 i 及送货点 $n+i$ 的货物装卸量为 d_i。$k = \{1, \cdots, M\}$ 表示配送车辆集，M 表示所需车辆数，每辆车的最大载重量为 Q；车辆在各位置的服务时间为 s_i，$i = 0, 1, 2, \cdots, 2n$，$s_0 = 0$，各取货点与送货点的时间窗为 $[e_i, l_i]$，$k = 1, 2, \cdots, 2_n$，配送中心的时间窗为 $[e_0, l_0]$，车辆在任意两点的运行时间与运行费用分别用 t_{ij} 与 C_{ij} 表示。

定义决策变量如下：

0-1 变量 $x_{i,j,k}$，当 $x_{i,j,k}$ 为 1 时表示车辆 k 从位置 i 经过位置 j，否则不经过；

时间变量 T_i，用来表示车辆到达位置 i 的时间；

载重变量 q_i，用来表示车辆在位置 i 取完或送完货之后车辆的载重量；

以上决策变量中，i,j 的取值范围为 $0,1,2,\cdots,2n$；k 的取值范围为 $1,2,\cdots,M$。

$$Z = \min\left\{p_1 M + p_2 \sum_{k=1}^{M}\sum_{i=0}^{2n}\sum_{j=0}^{2n} x_{i,j,k} C_{i,j} + p_3 \sum_{i=1}^{2n} \max(0, e_i - T_i)\right\} \tag{5-1}$$

$$\sum_{k=1}^{M}\sum_{j=0}^{2n} x_{i,j,k} = 1, i \in P^+ \tag{5-2}$$

$$\sum_{j=0}^{2n} x_{i,j,k} - \sum_{j=0}^{2n} x_{j,i,k} = 0, i \in P, k = 1,\cdots,M \tag{5-3}$$

$$\sum_{j=0}^{n} x_{0,j,k} = 1, k = 1,\cdots,M \tag{5-4}$$

$$\sum_{i=n+1}^{2n} x_{i,0,k} = 1, k = 1,\cdots,M \tag{5-5}$$

$$\sum_{j=0}^{2n} x_{i,j,k} - \sum_{j=0}^{2n} x_{j,n+i,k} = 0, i \in P^+, k = 1,\cdots,M \tag{5-6}$$

$$T_i + t_{i,n+i} + s_i \leqslant T_{n+1}, i \in P^+ \tag{5-7}$$

$$x_{i,j,k} = 1 \Rightarrow T_i + s_i + t_{i,j} \leqslant T_j, i,j \in V, k = 1,\cdots,M \tag{5-8}$$

$$e_i \leqslant T_i \leqslant l_i, i \in V \tag{5-9}$$

$$x_{i,j,k} = 1 \Rightarrow q_i + d_j = q_j, i \in V, J \in P^+ \tag{5-10}$$

$$x_{i,j,k} = 1 \Rightarrow q_i - d_j - n = q_j, i \in V, j \in P^- \tag{5-11}$$

$$q_0 = 0 \tag{5-12}$$

$$d_i \leqslant q_i \leqslant Q, i \in P^+ \tag{5-13}$$

$$p_1 \gg p_2 \gg p_3$$

式（5-1）为目标函数，第一目标为最少化车辆使用数量，第二目标为最少化总行驶距离，第三目标为最少化车辆的等待时间；式（5-2）确保车辆先访问取货点，再访问与其配对的送货点；式（5-3）确保每一个位置点被车辆只访问一次；式（5-4）、式（5-5）确保每辆车从配送中心出发并返回配送中心；式（5-6）为配对约束，确保每一对取货与送货点被同一辆车访问；式（5-7）、式（5-8）、式（5-9）为车辆访问各位置的时间窗约束；式（5-10）、式（5-11）、式（5-12）、式（5-13）为车辆行驶过程中的载重约束。

5.3 求解 PDPTW 的基本遗传算法

5.3.1 求解 VRP 的基本遗传算法

遗传算法是一种模仿生物进化过程的全局随机搜索方法。遗传算法的基本思想描述为：从优化问题的一个种群（一组可行解）开始，按照适者生存和优胜劣汰的原理，逐代演化产生出越来越好的一个种群（一组可行解）。在每一代，根据个体（可行解）的适应度（目标函数值）的优劣挑选一部分优良个体复制（繁殖）到下一代，并对其进行交叉和变异操作，产生出代表新的解集合的种群。这个过程将导致种群像自然进化一样，子代种群比父代更加适应于环境（即新可行解比旧可行解更接近问题的最优解），整个进化过程中的最优个体就作为问题的最终解。

基本遗传算法（SGA）的执行过程如下。

第一步：初始化群体大小 N，交叉概率 P_c，变异概率 P_m 等参数，随机生成初始种群：$X_{(0)}$；

第二步：计算种群中个体的适应度；

第三步：按照遗传策略，对第 t 代种群 $X_{(t)}$ 进行选择操作、交叉操作和变异操作，形成下一代的种群 $X_{(t+1)}$；

第四步：判断算法是否满足停止准则，如果不满足，则返回到第二步；如果满足，则输出种群中的最大适应度值的个体作为最优解 $x*$，终止计算。

基本遗传算法使用三种遗传算子，即选择运算使用比例选择算子、交叉运算使用单点交叉算子、变异运算使用基本位变异算子或均匀变异算子。

算法中，适应度是对个体进行评价的指标，是 GA 进行优化所用的主要信息，它与个体的目标函数值存在一种对应关系；复制操作通常采用比例复制，即复制概率正比于个体的适应度，这就意味着适应度高的个体把自身复制（繁殖）到下一代的概率大，从而提高了下一代种群的平均适应度；交叉操作通过交换两父代个体的部分信息构成子代个体，使得子代继承两父代个体的特征，有助于产生优良个体；变异操作通过随机改变某些个体中的某些基因而产生新个体，造成子代同父代的差异，有助于增加种群的多样性，促进进化，避免早熟而收敛于局部最优。

在设计求解 VRP 的基本遗传算法时，编码是要解决的首要问题。遗传算法中编码就是将问题的可行解用一种编码来表示，从而将问题的可行解从其解空间转换到遗传算法所能处理的搜索空间。编码方法除了决定个体染色体排列形式之外，它还决定了个体从搜索空间的基本基因型变换到解空间表现型时的解码方法；编码方法也影响到交叉、变异等遗传算子的运算方法。由此可见，编码方法在很大程度上决定了如何进行群体的遗传进化运算，并决定运算效率的高低。二进制编码方法是遗传算法中最常用的一种编码方法。然而，VRP 的解是一系列问题形式，二进制编码方法及其基于二进制编码的基本遗传操作都存在着一些不合适之处。

因此，求解 VRP 的遗传算法均采用基于整数符号形式的编码方法，即个体染色体编码串中的基因值是一个无数值含义、而只代表被车辆访问客户编号的符号集，如{1,2,3,4,…}等。引入符号编码方法后，若还是采取简单交叉的交叉运算方法会使子代线路中有顶点重复或顶点遗漏，导致所得的解不可行。因此，必须设计基于整数顺序编码的交叉和变异操作来产生新的子代序列。近年来针对用基于整数顺序编码的遗传算法求解 VRP 已经提出了如下一些方法。

部分匹配交叉法：部分匹配交叉法（PMX），也称为部分映射交叉（PMC）。这种交叉操作的主要思想是整个交叉操作过程由两步来完成，首先对个体编码串进行常规的双点交叉操作，然后根据交叉区域内各个基因值之间的映射关系来修改交叉区域之外的各个基因座的基因值。

顺序交叉法：顺序交叉（OX）与 PMX 法非常相似，但它们处理相似特性的手段却不同。OX 法所产生的子代个体趋向于继承父代中顶点的相对顺序，而

PMX 法则趋向于保存父代中顶点的绝对位置。

循环交叉法：循环交叉（CX）的执行是以父串的特征作为参考进行基因重组。

边重组交叉法：上述几种交叉操作都是能够处理具有排序特点的符号编码串的通用交叉操作。其特点是考虑顶点的位置和顺序，未考虑顶点间的连接。有学者认为，用遗传算法求解 TSP 等排序问题时，其遗传操作不仅要考虑顶点的位置，而且要考虑顶点间的关系，顶点间的关系定义为边。因为这类问题的目标函数是最小化可行解中边的总和，让子代个体继承父代个体中边的信息，设计围绕边的遗传操作就显得很有意义。1989 年，文献提出了一种被称为边重组的交叉操作，使子代个体能够较好地从父代个体中继承边的信息。

对于变异操作，也已经提出了一些专门的方法，如插入变异（从串中随机两个码，将其中一个码插入到另一个码之后）、交换变异（随机选择串中的两点，并交换其基因值）、以及逆转变异（在串中随机选择两点，再将这两点间的子串逆序排列）等。

5.3.2 求解带时间取送货问题的基本遗传算法

对求解 PDPTW 的遗传算法来说，其基本的算法框架与求解 VRP 的遗传算法一样。但其编码的处理难度会更大，因为 PDPTW 对应的解不仅要代表车辆所访问的序列，还要求序列中各字符所代表的客户点满足配对约束。文献提出了以下序列编码方法，其染色体的形式如图 5-1 所示。该编码方式中每一个基因位用两个符号表示，第一个表示位置编号，第二个用整数表示该位置编号在整个车辆访问中的先后顺序。"1＋"与"1－"分别表示客户 1 的取货位置与送货位置，而整数"1345"与"1895"则分别表示客户 1 的取货点与送货点访问时间顺序，整数值小的则表示该位置被车辆先访问，大的则后访问。整数序列的最高位还表示车辆号，即该任务由车辆 1 完成。对该染色体按第二行整数升序排列，就可以得出各车辆的访问顺序，如图 5-2 所示。图 5-2 所表示的车辆调度安排为

Route1：1＋，2＋，2-，5＋，1－，5－；

Route2：3＋，4＋，3-，4-；

依据以上编码方式，文献进而提出了相应的交叉与变异过程。

图 5-1　求解 PDPTW 遗传算法染色体编码图（未排序）

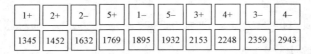

图 5-2　求解 PDPTW 遗传算法染色体编码图（已排序）

其交叉运算的步骤如下。

第一步：对参与交叉的父代染色体按照位置编号排序，并选取参与交叉的染色体片段，如图 5-3 所示。

第二步：交换交叉片段的访问顺序，如图 5-4 所示。

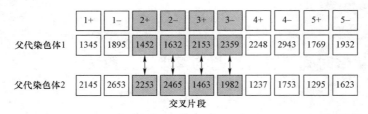

图 5-3　求解 PDPTW 遗传算法的交叉过程（交叉前）

图 5-4　求解 PDPTW 遗传算法的交叉过程（交叉后）

以上交叉过程中，图 5-3 中两个父代染色体表示的车辆调度安排如下。

父代染色体 1：

Route1：1＋，2＋，2－，5＋，1－，5－；

Route2：3＋，4＋，3－，4－；

父代染色体 2：

Route1：4＋，5＋，3＋，5－，4－，3－；

Route2：1＋，2＋，2－，1－；

图 5-4 中两个子代染色体表示的车辆调度安排为：

子代染色体 1：

Route1：1＋，3＋，5＋，1－，5－，3－；

Route2：4＋，2＋，2－，4－；

子代染色体 2：

Route1：4＋，5＋，2＋，5－，2－，3－；

Route2：1＋，3＋，3－，1－；

其变异运算的步骤如下。

第一步：设定变异的概率 p_m，为每一个客户产生一个 0 到 1 之间的随机数。

第二步：若某客户产生的随机数小于 p_m 则将该客户取送货位置访问顺序整数的最高位变换成别的车辆序号，如图 5-5 所示，随机选取客户 2 进行变异，则将客户 2 的取送货点的访问顺序的最高位由"1"变为"2"，即表示客户 2 的取送货服务由 2 号车辆完成。

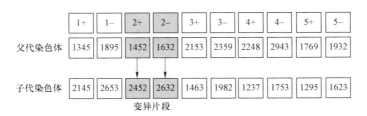

图 5-5　求解 PDPTW 遗传算法的变异过程

以上变异过程中，图 5-5 中两染色体表示的车辆调度安排如下。

父代染色体 1：

Route1：1＋，2＋，2－，5＋，1－，5－；

Route2：3＋，4＋，3－，4－；

子代染色体 1：

Route1：1＋，5＋，1－，5－；

Route2：3＋，4＋，2＋，3－，2－，4－；

5.4　求解 PDPTW 的非代际遗传算法

5.4.1　算法的基本架构

基本的遗传算法是基于种群的并行搜索机制,本书采用基于个体搜索机制的非代际遗传算法，其最初由 Goldberg 提出，该机制能更好的保留优异个体与种群的多样性。其基本框架如下：

初始化种群 Pop；

若终止条件不符合

按染色体的适应度选择二个染色体 x，y；

依交叉概率 P_{cross} 对 x，y 实施交叉算子，生成两个新个体 x'，y'；

依变异概率 P_{mut} 对 x'，y' 实施变异算子，生成两个新个体 x''，y''；

更新种群，将 x''，y'' 替换 Pop 中两个适当度最差的染色体；

算法结算，返回种群中适应度值最大的染色体。

每个染色体均表示 $PDPTW$ 的一个可行解，算法迭代过程中始终保持每个解可行。与标准遗传算法不同，基于该框架的遗传算法每生成二个新染色体均尝试替换当前种群中的两个适应度最低的染色体。这有利于保持染色体的多样性，保留种群中的最优染色体。为了加快算法的收敛速度，采用时差插入启发式自算法生成初始解，同时对原有算法框架中更新种群操进行改进，即当 x''，y'' 与原种群中染色体不相同且其适度度值大于等于原种群中适应度最小的染色体，则进行更新，否则不更新。算法的终止条件有两个：一是生成的新染色体个数超过 S_Max，二是算法连续 Num 次没更新种群中的染色体，S_Max 与 Num 均为事先确定的参数。

5.4.2　算法的编码

算法采用客户取货或送货位置编号作为基本编码信息，$1,2,\cdots,2n$ 代表客户的取送货位置，位置的配对信息事先已知，奇数位代表取货位置，如 $1,3,\cdots,2n-1$，偶数位代表送货位置，如 $2,4,\cdots,2n$，每一偶数位置与其前一位的奇数位配对。每一位置编号代表一个基本的基因位。为了提高算法的交叉与变异算子的计算效率，每一基因位含有三位字符，第一位为客户取送货位置编号，第二位为车辆在该位置的最早完成时间（EF），第三位为车辆在该位置的最迟开始时间（LS）。如图 5-6 所示，其表示的车辆调度计划为

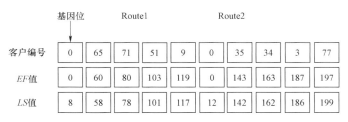

图 5-6　编码结构示意图

Route1：0-65-71-51-9-0

Route2：0-35-34-3-77-0。

采用该编码策略，一方面可以直观的表达车辆在各位置的先后顺序，因为不论是对 LS 还是对 EF 进行排序，均可得出车辆的访问顺序。另外，还可通过对位置的排序，快速的得出各位置的配对情况。另一方面，该编码策略引入 LS、EF 值，有利于在算法的初始解生成，交叉与变异过程中使用前面章节提出的时间插入检测法与时差插入启发式算法。

5.4.3　适应度函数及多目标求解的处理

上节 PDPTW 模型的求解目标按其重要性程序依次为最少化车辆使用数量、最小化车辆行驶总距离、最小化车辆等待的总时间。为处理以上分级求解目标，

设计目标函数为

$$MinZ(x) = a_1 K(x) + a_2 Dist(x) + a_3 Wait(x) \qquad (5\text{-}14)$$

$K(x)$、$Dist(x)$、$Wait(x)$ 依次表示染色体 x 所使用的车辆数量、车辆行驶总距离、车辆总等待时间；a_1、a_2、a_3 为系数，且有 $a_1 \gg a_2 \gg a_3$。

设计的适应度评价函数为

$$Fit(x) = Z(x) / Z_{min} \qquad (5\text{-}15)$$

$Z(x)$ 为染色体 x 的目标函数，Z_{min} 为所有染色体目标函数中的最小值。另外，算法的选择过程采用轮盘赌选择策略。

5.4.4　初始解的生成及插入算子

初始解的生成过程涉及大量取送货位置对（Pickup and Delivery Points，PD）的插入操作（即将 PD 位置对插入到当前的线路中，并保证插入后的线路仍然可行），因此，本书利用前面章节提出的时差插入检测法设计了两类插入算法，即快速时差插入法（FTDIH）与最优时差插入（OTDIH）。

设当前可行线路为 $Route_i(P_0, P_1, \cdots, P_{i-1}, P_i, P_{i+1}, \cdots, P_n, P_0)$ $(i = 1, 2, \cdots, n)$，车辆的最大载重量为 C_{max}，车辆在各点的当前载重为 $Load_i (i = 1, 2, \cdots, n)$，将一 P_D 点对（分别用 P_p，P_q 表示）插入 $Route_i$。

1）FTDIH 步骤如下。

步骤 1：计算 $Route_i$ 各点的 EF_i 与 LS_i（$i = 1, 2, \cdots, n$）。

步骤 2：从 P_p 点的第一个可能插入位置 P_0, P_1 开始，计算该位置的时差 $TD_{i,i+1}$（$i = 0, 1, 2, \cdots, n$），计算 EF_p，若该点在该位置满足定理 1，则将 P_p 插入到该位置，并记 P_p 点后的位置为 D_insert_{begin}。

步骤 3：依次更新 P_p 点之后各点的 EF_i、LS_i、$Load_i$ 值。若所有 $Load_i$ 值均小于等于 C_{max}，则记 D_insert_{end} 为该线路的末尾位置；若有某些点的 $Load_j$ 值大于 C_{max}，设第一次出现该情况点为 Pk，记 Pk 之前的位置为 D_insert_{end}。

步骤 4：从 D_insert_{begin} 到 D_insert_{end} 依次计算各位置的时差与 EFd，并检查

是否满足定理 1，若满足则将 Pd 插入，转步骤 5；若所有位置均检查后都不能插入，则该 PD 点对插入失败。

步骤 5：更新从 Pd 开始到线路末的 EF_i、LS_i、$Load_i$ 值。

2）OTDIH 步骤如下。

步骤 1：计算 $Route_i$ 各点的 EF_i 与 LS_i（$i=1,2,\cdots,n$）。

步骤 2：从 P_p 点的第一个可能插入位置 P_0,P_1 开始，计算该位置的时差 $TD_{i,i+1}$（$i=0,1,2,\cdots,n$），EF_p，以及插入后，目标函数的增量。选择插入位置满足定理 1 且目标函数增量最小的位置，将 P_p 插入，记下该位置为 D_insert_{begin}。

步骤 3：依次更新 P_p 点之后各点的 EF_i、LS_i、$Load_i$ 值。若所有 $Load_i$ 值均小于等于 C_{max}，则记 D_insert_{end} 为该线路的末尾位置；若有某些点 $Load_j$ 的值大于 C_{max}，设第一次出现该情况点为 P_k，记 P_k 之前的位置为 D_insert_{end}。

步骤 4：从 D_insert_{begin} 到 D_insert_{end} 依次计算各位置的时差与 EF_d，及插入 P_d 后目标函数的增量，选择插入位置满足定理 1 且目标函数增量最小的位置，将 P_d 插入，转步骤 3；若所有位置均检查后都不能插入，则该 P_D 点对插入失败。

步骤 5：更新从 P_d 开始到线路末的 EF_i、LS_i、$Load_i$ 值。

除了初始解构造外，交叉算子、变异算子也涉及大量取送货点位置对的插入操作，两种插入方法也可用于交叉算子、变异算子。FTDIH 插入的速度较快，且具有一定的随机性，而 OTDIH 每次插入均选择当前的最优位置插入，具有较强的局部寻优能力。因此本书将在初始解构造过程中运用 FTDIH，以提高初始解的随机性，在交叉算子与变异算子的设计中运用 OTDIH，以加快遗传算法的收敛速度。

5.4.5　交叉算子

与求解 VRPTW 遗传算法的交叉算子不同，设计求解 PDPTW 遗传算法的交叉算子即要保证的交叉后所有位置点均能在各自的时间窗口内被车辆访问，而且还要保证每一取货点与其对应的送货点在一条路径内，且取货点的访问顺序在送货点之前，即还要满足各位置点的配对约束。求解 PDPTW 的基本遗传算法中通过引入访问顺序，访问顺序的最高位整数代表车辆号，其余数字表示访问先后次序，较好地解决了交叉后配对的问题，但求解 PDPTW 的基本遗传算法没有采用特定的方法检测交叉过程中各位置新的顺序是否还在该位置的时间窗口之内，而是采用交叉完成后，用约束条件进行检测，这极大地降低了交叉的效率。

因此，本书运用 EF 与 LS 值表示其访问顺序，并借助 EF 与 LS 值，利用时差插入检测法在插入时实施插入前的可行性检测，而不是等到插入完成后再检测，这样可有效提高交叉的效率。具体说来，本书设计了三种交叉算子，分别是非对称匹配交叉、对称匹配交叉以及线路交叉。

1. 非对称匹配交叉

为了保证交叉的过程中，能有效地保证取送货位置的匹配约束，非对称匹配交叉过程中染色体片断交换的最小单位为线路。其交叉的步骤如下。

第一步：进行交叉的两个父染色体 A，B 分别选取 2 条（A 染色体的 Route1 与 Route2）与 1 条（B 染色体的 Route2）路径进行交换（灰色基因位表示交换片断），如图 5-7 所示。

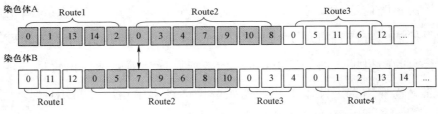

图 5-7　非对称匹配交叉示意图——选取交换片段

第二步：对因交换引起的重复客户号实施删除，引起的客户号缺失则组成各自染色体的再插入集，如图 5-8 所示。

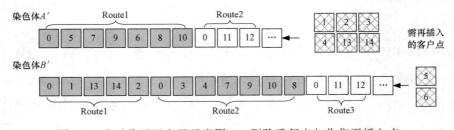

图 5-8　非对称匹配交叉示意图——删除重复点与收集再插入点

第三步：最后利用 OTDIH 进行再插入得到交叉后的染色体 A'、B'，如图 5-9 所示。若插入不能进行，则在染色体末尾再生成一条空线路重新进行插入。（以下图中均省略了各基因位的 EF 与 LS 值）。

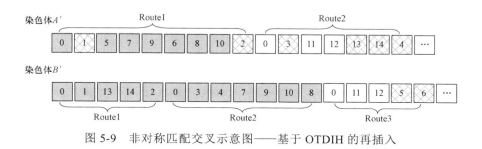

图 5-9　非对称匹配交叉示意图——基于 OTDIH 的再插入

2. 对称匹配交叉

对称匹配交叉的过程同非对称匹配交叉的过程基本相同，只是在步骤一中要求参与交叉的两个父代染色体必须选择相同数量的线路，其过程如图 5-10、图 5-11、图 5-12 所示（以下图中均省略了各基因位的 EF 与 LS 值）。

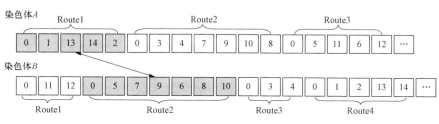

图 5-10　对称匹配交叉示意图——选取交换片段

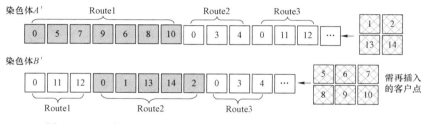

图 5-11　对称匹配交叉示意图——删除重复点与收集再插入点

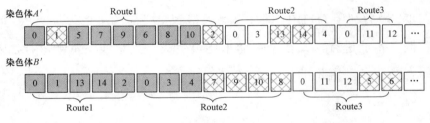

图 5-12   对称匹配交叉示意图——基于 OTDIH 的再插入

3. 线路交叉

线路交叉即参与交叉的两个染色体各选取一条线路来进行重新插入,其过程比以上两种交叉过程更简单。

第一步:对参与交叉的两个父染色体 A 与 B 各随机选取一条参与交叉的线路,将从 A 染色体上选取的线路形成待插入 B 染色体的位置集合 $Insert\_to\_B$,将从 B 染色体上选取的线路形成待插入 A 染色体的位置集合 $Insert\_to\_A$,如图 5-13 所示。

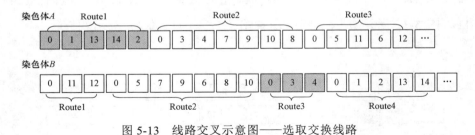

图 5-13   线路交叉示意图——选取交换线路

第二步:在染色体 A 中将位置集合 $Insert\_to\_A$ 包含的位置删除,在染色体 B 中将位置集合 $Insert\_to\_B$ 包含的位置删除,如图 5-14 所示。

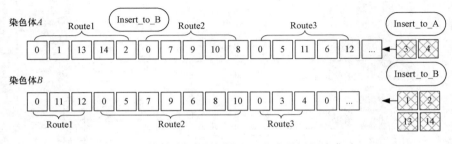

图 5-14   线路交叉示意图——形成再插入点集合

第三步:最后利用 $OTDIH$ 将 $Insert\_to\_A$ 插入 A,将 $Insert\_to\_B$ 插入 B,如

图 5-15 所示。（以下图中均省略了各基因位的 *EF* 与 *LS* 值）。

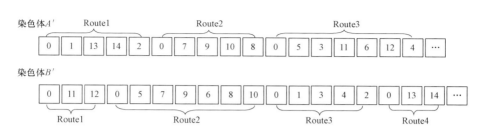

图 5-15　线路交叉示意图——基于 OTDIH 的再插入

以上三种交叉算子的插入过程均采用了基于 OTDIH 的再插入方法，该方法有利于改进子代染色体的质量，进而加速算法的收敛。在整个算法框架中，本文将随机使用三种交叉算子，以使算法能更广泛的遍历问题的可行域。

5.4.6　变异算子

与设计交叉算子相同，设计求解 PDPTW 遗传算法的变异算子同样要解决变异过程中各取送货位置点的配对问题以及时间窗口约束的问题。基本的求解 PDPTW 遗传算法的变异算子通过引入整数表示访问顺序，变异过程将选定的取送货位置对中访问顺序整数的最高位进行变换，其较好地解决了变异过程中取送货点对的配对问题，但也存在以下不足。一是该变异过程只实现了取送货点对在不同线路之间的变换，而不能实现同一条线路上各取送货点对之间的重排，因此其不利于算法遍历问题的邻域结构。二是该变异过程没有使用特定方法来检测变异过程中各位置新的顺序是否还在该位置的时间窗口之内，而是采用变异完成后，用约束条件进行检测，这极大地降低了变异的效率。

为了克服以上两个不足，本书设计了两种变异算子。一是 R1 变异算子，该算子在参与变异的染色体中随机选取一条线路，将其从原染色体中删除，然后将该线路上的取送货位置对运用 OTDIH 插入到原染色体中，其变异过程如图 5-16 所示（图中省略了各基因位的 *EF* 与 *LS* 值）。R1 变异算子可有效地减少染色体中的路径数量，这有助于算法加速收敛。二是 R2 变异算子，该算子从参与变异的染色体中随机选取一取送货位置对，将该位置对运用 OTDIH 插入到原路径中，其变异过程如图 5-17 所示（图中省略了各基因位的 *EF* 与 *LS* 值）。R2 变异算子在算法后期，可有效对线路进行最优重排。在整个遗传算法的框架中，将随机使用以上两种变异算子。

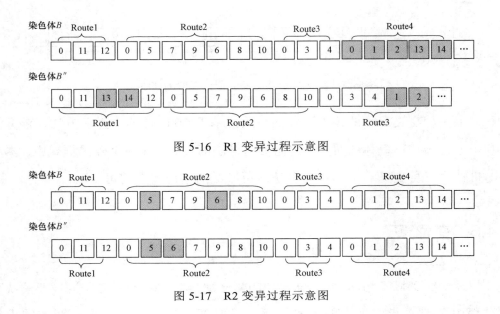

图 5-16   R1 变异过程示意图

图 5-17   R2 变异过程示意图

5.4.7   算法的终止条件

针对采用基于个体搜索的非代际遗传算法框架设计其终止条件有两种情况。一是算法运行前指定搜索的最大个体数量 *Search_Max*，当搜索的染色体个数达到 *Search_Max* 时，算法停止搜索，输出结果。二是算法运行前指定连续未改进个体数 *Not_Improve*，当在搜索过程中，连续产生了 *Not_Improve* 个染色体，其适应度均不优于当前种群最差个体的适应度时，算法停止搜索，输出结果。

5.5   测试及比较分析

算法采用 matlab7.0 编程实现，运行于奔腾 IV2.0G 的 PC 上，运算结果精确到两位小数。使用 PDPTW 标准测试算例集（问题规模为 100 个客户，共 56 个算例）。

测试过程的参数均采用以下设置：种群规模为 100，交叉概率为 0.5，变异概率为 1.0，算法最大搜索个数 *Search_Max* = 10 000，连续未更新种群次数 Not_Improve = 30。每个算例运行 10 次，取 10 次的最优结果与其他文献进行比较。

在以往的文献当中，只有 Li 与 Lim 设计的算法（下文用 LLA 表示）其求解目标与本书一致，而其他算法的求解目标均仅为最小化车辆数量和最小化车辆行驶距离，不具有直接可比较性。因此，本书将测试结果与 LLA 比较。

表 5-1、表 5-2 为本书算法与 LLA 的对比情况：表 5-1 依问题集比较了两种算法的平均结果，并计算了本书算法相比于 LLA 在各求解目标上的平均节约值，结果显示 LC1 问题集第一目标与第四目标分别比 LLA 节约 1.1% 与 35%，LR2 问题集第二目标、第三目标、第四目标分别比 LLA 节约 0.21%、0.26%、0.22%，LRC1 问题集各目标分别比 LLA 节约 1.1%、0.06%、0.3%、4.5%，LRC2 问题集第二目标比 LLA 节约 3.67%。表中 MD＝问题集的路长平均值；MV＝问题集的车辆使用数量平均值；MDur＝问题集的总时长平均值；MW＝问题集的总等待时间平均值；加粗表示优于 LLA 的结果；CPU◆＝算法运行时间（单位为秒），基于平台为 Linux Kernel 2.2.15-5.0smp on i686；CPU＃（M）＝10 次运算的平均时间（单位为秒），基于的平台为 XP on Pentium IV 2.0G；MCPU＝问题集的平均运算时间。

表 5-2 与表 5-3 为求解结果的详细对比情况，有 11 个算例的结果优于 LLA（在表中用粗体表示），其中第一目标优于 LLA 的有 2 个，第二目标优于的有 9 个，第三目标优于的有 5 个，第四目标优于的有 2 个，有 40 个算例的结果与 LLA 相当（在表中加*号表示）。表中 D＝总路长；V＝使用车辆数量；Dur＝总时长；W＝总等待时间；CPU◆＝算法运行时间（单位为秒），基于平台为 Linux Kernel 2.2.15-5.0smp on i686；CPU＃（M）＝10 次运算的平均时间（单位为秒），基于的平台为 XP on Pentium IV 2.0G；*表示结果优于或等于 LLA 的结果，加粗表示优于 LLA 的结果。

表 5-1　本书算法与 LLA 的求解结果综合对比表

问题集	Li and Lim				本书算法			
	MD（MV）	MDur	MW	CPU◆（MCPU）	MD（MV）	MDur	MW	CPU#（MCPU）
LC1	832.09（9.89）	9 874.21	42.12	33～1 257（225.56）	860.81（9.78）	9 901.45	26.26	17.80～155.31（58.57）
LC2	589.23（3.00）	9 609.74	31.77	27～746（196.25）	589.93（3.00）	9 610.77	20.81	48.69～272.17（141.62）
LR1	1 222.20（11.92）	2 467.74	245.54	69～1 168（371.08）	1 222.20（11.92）	2 467.74	245.54	19.00～79.94（41.03）
LR2	973.87（2.73）	2 455.75	478.60	193～4 204（1 876.36）	971.79（2.73）	2 449.34	477.55	148.84～639.84（346.14）
LRC1	1 387.60（11.63）	2 537.22	149.62	119～650（261.25）	1 386.74（11.50）	2 529.52	142.78	25.33～68.08（47.83）
LRC2	1 187.82（3.25）	2 736.97	549.15	266～4 106（1 536.13）	1 145.69（3.25）	2 742.14	596.45	109.86～478.05（223.21）

问题集	节约值/%			
	SV	SD	SDur	SW
LC1	1.1	—	—	35
LC2	0	—	—	—
LR1	0	0	0	0
LR2	0	0.21	0.26	0.22
LRC1	1.1	0.06	0.3	4.5
LRC2	0	3.67	—	—

表 5-2　本书算法与 LLA 的求解结果对比表

问题号	LLA				本书算法			
	D（V）	Dur	W	CPU◆	D（V）	Dur	W	CPU#（M）
lc101	828.94（10）	9 828.94	0	33	828.94（10）*	9 828.94	0	17.80
lc102	828.94（10）	9 828.94	0	71	828.94（10）*	9 828.94	0	35.31
lc103	827.86（10）	10 058.03	230.17	191	1 082.40（9）*	10 300.86	89.08	41.45
lc104	861.95（9）	10 006.9	144.95	1 254	865.94（9）	10 009.25	143.31	78.02
lc105	828.94（10）	9 828.94	0	47	828.94（10）*	9 828.94	0	29.09
lc106	828.94（10）	9 828.94	0	43	828.94（10）*	9 828.94	0	31.54
lc107	828.94（10）	9 828.94	0	54	828.94（10）*	9 828.94	0	35.21
lc108	826.44（10）	9 826.44	0	82	826.44（10）*	9 826.44	0	64.41
lc109	827.82（10）	9 831.78	3.96	255	827.82（10）*	9 831.78	3.96	155.31

续表

问题号	LLA				本书算法			
	D（V）	Dur	W	CPU◆	D（V）	Dur	W	CPU#（M）
lc201	591.56（3）	9 591.56	0	27	591.56（3）*	9 591.56	0	48.69
lc202	591.56（3）	9 591.56	0	94	591.56（3）*	9 591.56	0	83.41
lc203	585.56（3）	9 521.66	26.09	145	591.17（3）	9 601.72	10.54	150.98
lc204	591.17（3）	9 591.17	0	746	591.17（3）*	9 591.17	0	252.34
lc205	588.88（3）	9 588.88	0	190	588.88（3）*	9 588.88	0	86.67
lc206	588.49（3）	9 588.49	0	88	588.49（3）*	9 588.49	0	184.2
lc207	588.29（3）	9 660.4	72.12	102	588.29（3）*	9 588.52 *	0 *	203.44
lc208	588.32（3）	9 744.23	155.91	178	588.32（3）*	9 744.23	155.91	272.17
lr101	1 650.78（19）	3 599.45	948.65	87	1 650.78（19）* **	3 599.45	948.65	19
lr102	1 487.57（17）	3 202.46	714.89	1 168	1 487.57（17）*	3 202.46	714.89	43.56
lr103	1 292.68（13）	2 729.15	436.48	169	1 292.68（13）*	2 729.15	436.48	38.48
lr104	1 013.39（9）	2 050.85	37.46	459	1 013.39（9）*	2 050.85	37.46	70.94
lr105	1 377.11（14）	2 631.56	254.45	69	1 377.11（14）*	2 631.56	254.45	28.81
lr106	1 252.62（12）	2 412.11	159.49	87	1 252.62（12）*	2 412.11	159.49	29.06
lr107	1 111.31（10）	2 220.27	108.96	287	1 111.31（10）*	2 220.27	108.96	33.03
lr108	968.97（9）	2 029.93	60.96	415	968.97（9）*	2 029.93	60.96	46.19
lr109	1 239.96（11）	2 311.37	71.42	348	1 239.96（11）*	2 311.37	71.42	42.61
lr110	1 159.35（10）	2 222.99	63.64	547	1 159.35（10）*	2 222.99	63.64	51.89
lr112	1 003.77（9）	2 013.17	9.41	638	1 003.77（9）*	2 013.17	9.41	50.72
lr201	1 263.84（4）	3 495.81	1 231.97	193	1 253.23（4）*	3 495.82	1 242.59	148.84
lr202	1 197.67（3）	2 749.39	551.73	885	1 197.67（3）*	2 749.39	551.73	351.09
lr203	949.40（3）	2 762.80	813.40	1 950	949.40（3）*	2 762.80	813.40	283.44
lr204	849.05（2）	1 988.57	139.52	2 655	849.05（2）*	1 988.57	139.52	639.84
lr205	1 054.02（3）	2 550.13	496.11	585	1 054.02（3）*	2 550.13	496.11	252.11
lr206	931.63（3）	2 502.46	570.84	747	931.63（3）*	2 502.46	570.84	394.84
lr207	903.056（2）	1 936.44	33.38	1 594	903.06（2）*	1 936.44	33.38	304.63
lr208	734.85（2）	1 858.36	123.51	3 572	738.87（2）	1 849.67	110.8	503.16
lr209	937.05（3）	2 432.61	459.56	2 773	930.78（3）*	2 405.01	474.32	316.72
lr210	964.22（3）	2 782.06	817.83	1 482	970.54（3）	2 782.06	811.52	280.25
lr211	927.8（2）	1 954.57	26.77	4 204	911.49（2）*	1 920.34	8.85	438.5
lrc101	1 708.80（14）	2 956.32	247.52	119	1 708.80（14）*	2 956.32	247.52	25.33

续表

问题号	LLA				本书算法			
	D（V）	Dur	W	CPU*	D（V）	Dur	W	CPU#（M）
lrc102	1 563.55（13）	2 764.14	200.59	152	1 558.07（12）*	2 703.92*	145.85*	42.05
lrc103	1 258.74（11）	2 443.68	184.95	175	1 258.74（11）*	2 443.68	184.95	40.36
lrc104	1 128.40（10）	2 238.17	109.77	202	1 128.40（10）*	2 238.17	109.77	53.48
lrc105	1 637.62（13）	2 830.16	192.54	179	1 637.62（13）	2 830.16	192.54	28.19
lrc106	1 425.53（11）	2 475.01	49.48	459	1 424.73（11）*	2 474.22*	49.49	59.83
lrc107	1 230.15（11）	2 344.94	114.8	154	1 230.15（11）*	2 344.94	114.8	68.08
lrc108	1 147.97（10）	2 245.3	97.34	650	1 147.43（10）*	2 244.76*	97.34	65.33
lrc201	1 468.96（4）	3 358.41	889.45	266	1 421.20（4）*	3 358.41	937.21	109.86
lrc202	1 374.27（3）	2 657.14	282.87	987	1 374.27（3）*	2 657.14	282.87	180.42
lrc203	1 089.07（3）	2 700.3	611.23	1 605	1 089.07（3）*	2 700.3	611.23	186.88
lrc204	827.78（3）	2 537.83	710.05	3 634	827.78（3）*	2 537.83	710.05	478.05
lrc205	1 302.2（4）	3 464.61	1 162.41	639	1 302.2（4）*	3 464.61	1 162.41	185.44
lrc206	1 162.91（3）	2 444.87	281.96	445	1 159.06（3）*	2 444.90	285.84	133.83
lrc207	1 424.6（3）	2 461.42	36.82	607	1 062.05（3）*	2 417.51*	355.46	288.54
lrc208	852.76（3）	2 271.19	418.44	4 106	918.68（3）	2 344.04	425.36	456.85

5.6　小结

带时间窗口取送货问题是一类重要的扩展 VRPTW，在实践中对应了大量的应用，本章围绕 PDPTW 进行了深入的研究，主要做了如下工作。

一是建立了 PDPTW 的混合整数规划模型。

二是对 PDPTW 的研究情况进行了简单的综述，详细介绍了求解 PDPTW 的基本遗传算法。

三是提出了求解 PDPTW 的非代际遗传算法，详细介绍了算法的框架、算法的编码方法、交叉与变异过程。相比于基本遗传算法基于种群的并行搜索机制，非代际遗传算法采用基于个体搜索机制，该机制能更好地保留优异个体与种群的多样性。同时对求解 PDPTW 基本遗传算法的编码方法进行了改进，设计了包含 EF、LS 值的整数编码方法，该方法不仅能表示客户编号，而且能表示车辆到达客户的顺序，还能在变异、交叉过程及初始解生成过程运用时差插入启发式算法。最后该算法还对基本遗传算法的交叉与变异过程进行了改进，设计了适用于 PDPTW 求解的非对称匹配交叉、对称匹配交叉、线路交叉以及 R1 变异与 R2 变异算子。

四是对算法进行了仿真测试，将测试结果与已有求解 PDPTW 的算法进行比较表明，求解 PDPTW 的非代际遗传算法比已有报道求解 PDPTW 的其他算法显示出了更高的求解质量。

第六章　带工作时间与时间窗的开放式车辆路径问题及其克隆选择算法研究

第五章对 VRPTW 的扩展问题——PDPTW 进行了深入研究，在此基础上，本章将继续围绕带时间窗车辆路径问题，对在 BtoC 电子商务配送中广泛存在的带工作时间与时间窗的开放式车辆路径问题（OVRPTWWT）展开深入研究。首先运用线性规划理论构建问题模型，进而设计求解该问题的非代际克隆选择算法，介绍算法的框架，抗体亲和力的计算方法、克隆选择方法、抗体多样性保持策略以及整合了时差插入检测法的抗体变异算子等，最后运用算例对模型及算法的有效性进行验证。

6.1　引言

开放式车辆路径问题（OVRP）是基本车辆路径问题的拓展，基本车辆路径问题均要求车辆在完成配送任务后返回车场，每一辆车的行驶路径是一闭合回路，因以，也把基本车辆路径问题称为闭合式车辆路径问题。与 VRP 不同，OVRP 中车辆在服务完最后一个顾客点后不需要回到出发车场，若要回到车场，则必须沿原路返回，如图 6-1 所示。在 VRP 中，每一条路线都是哈密顿圈，而在 OVRP 中是哈密顿路径，两者都属于 NP-难问题。虽然目前已有许多求解闭合式 VRP

的好算法，但都不能直接用于求解 OVRP，这是因为一个好的 OVRP 的解往往与相应的闭合式 VRP 的解相距甚远。正如 Syslo 等所述，"从网络中的一个最小的哈密顿圈中去掉其最大的边，并不能得到最小的哈密顿路径。" Letchford 等通过分别求出一个小规模的、具有相同输入数据的闭合式 VRP 和 OVRP 的最优解，进一步阐明了这样一个事实：一般来说，对于相同的输入数据，OVRP 的最优解与闭合式 VRP 的最优解是有很大不同的。

OVRP 广泛存在于物流配送和各种运输服务的运输路线优化中，如当物流配送公司自己没有配备专门的配送车队，或自己的配送车辆数量不够时，为满足客户的需求，公司就不得不租用车辆。对于送货情形，租用的车辆在完成送货任务后一般无须返回配送中心，因此其行驶路线是开放式的；而对于取货情形，租用的车辆直接前往线路上的第一个客户点，依次将沿途各客户点的货物装上车，最后送往配送中心，因此其行驶路线也是开放式的。在这两种情形中，租用车辆的费用往往与租用的车辆数和车辆负载时的行驶距离成正比，因此对其车辆行驶路线进行优化，使所租用的车辆数和车辆总行驶距离尽可能地少，就显得非常重要。Tarantilis 等对这种类型的一个实际案例进行了描述。除此之外，还有文献描述的美国联邦快递的住宅投递服务，自备投递车辆的送急件承包人在完成当天的最后一轮投递任务后无须返回联邦快递总站；报纸的住宅投递问题，报业公司与投递者签订投递合同时，只涉及从报业公司至最后一个投递点的行驶距离，最后一个投递点以后的路程不予考虑。文献中的美国特快航空邮件配送问题；文献中描述的穿越英吉利海峡隧道的货物列车编组计划和时刻表编制问题、香港的校车行车路线编排问题。

近年来，在实践中，还存在这样一些案例，某些从事城市物流配送的 BtoC 电子商务物流配送企业，除了车辆是外包外，还有一些其他的要求，如配送客户有收货时间窗要求，配送人员有最长工作时间要求，即要求每天配送的总时间不超过法定规定的劳动时间。本书将该问题定义为带工作时间与时间窗口约束的开放式车辆路径问题。OVRPTWWT 是对传统 OVRP 结合实践运用扩展，其不仅有利于提高客户的满意度，保护配送工人的合理劳动时间，还有助于减少中小配送企业的固定投入与运营成本。因此对 OVRPTWWT 展开深入研究有一定的实用价值。

6.2 问题描述与数学模型

本书所研究的带工作时间与时间窗约束的 OVRP 可以描述为 N 个客户点配送任务由 M 辆由配送中心发出的车辆来完成。送货车辆从车场出发，到各客户点去送货，每个客户点的货物重量为 d_i，且要求在某一特定时间窗口收到货物，若车辆提前到达则需等待到允许的最早开始时间。每辆车限定容量为 Q，每辆车的工作人员最长工作时间不超过 MT，每辆车完成所有的送货任务后不需返回配送中心，求所用车辆数最少、行驶总费用最少、总等待时间最少的车辆调度方案，其数学模型如下：

$$Z = \min\left\{ p_1 M + p_2 \sum_{k=1}^{M} \sum_{i=1}^{N} \sum_{j=1}^{N} C_{ij} x_{ijk} + p_3 \sum_{k=1}^{M} \sum_{i=1}^{N} \max(0, e_i - AT_{ik}) \right\} \tag{6-1}$$

s.t.

$$\sum_{i=1}^{N} \sum_{k=1}^{M} x_{ijk} = 1 \quad \forall j = 2, 3, \cdots, N \tag{6-2}$$

$$\sum_{j=1}^{N} \sum_{k=1}^{M} x_{ijk} = 1 \quad \forall i = 2, 3, \cdots, N \tag{6-3}$$

$$\sum_{i=1}^{N} d_i \left(\sum_{j=1}^{N} x_{ijk} \right) \leqslant Q \quad \forall k = 1, 2, \cdots, M \tag{6-4}$$

$$\sum_{j=2}^{N} x_{1jk} \leqslant 1 \quad \forall k = 1, 2, \cdots, M \tag{6-5}$$

$$\sum_{i=1}^{N} x_{iuk} = \sum_{j=1}^{N} x_{ujk} \quad \forall k = 1, 2, \cdots, M \quad \forall u = 2, 3, \cdots, N \tag{6-6}$$

$$\sum_{i=2}^{N} x_{i1k} = 0 \quad \forall k = 1, 2, \cdots, M \tag{6-7}$$

$$AT_{jk} \leqslant AT_{ik} + s_i + t_{ij} + G(1 - x_{ijk})$$
$$\text{if } i \neq j, \quad \forall i = 1, 2, \cdots, N \quad \forall j = 2, 3, \cdots, N \quad \forall k = 1, 2, \cdots, M \tag{6-8}$$

$$AT_{jk} \geqslant AT_{ik} + s_i + t_{ij} - G(1 - x_{ijk})$$
$$\text{if } i \neq j, \quad \forall i = 1, 2, \cdots, N \quad \forall j = 2, 3, \cdots, N \quad \forall k = 1, 2, \cdots, M \tag{6-9}$$

$$e_i \leqslant AT_{ik} \leqslant l_i \quad \forall i = 2,3,\cdots,N \quad \forall k = 1,2,\cdots,M \qquad (6\text{-}10)$$

$$\sum_{i=1}^{N}\sum_{j=1}^{N}(t_{ij}+s_j)x_{ijk} + \sum_{i=1}^{N}\max\{0,e_i-AT_{ik}\} \leqslant MT \quad \forall k = 1,2,\cdots,M \qquad (6\text{-}11)$$

$$x_{ijk} = \{0,1\}\forall i, \quad j = 1,2,\cdots,N \quad \forall k = 1,2,\cdots,M \qquad (6\text{-}12)$$

在上述表达式中，d_i 表示客户 i 的需求；AT_{ik} 表示第 k 辆车到达客户 i 的时间；x_{ijk} 为 1 表示第 k 辆车从客户 i 到客户 j，否则 x_{ijk} 为 0；s_i 表示客户 i 的服务时间；C_{ij} 表示车辆在客户 i 与 j 间的运行费用；t_{ij} 表示车辆在 i，j 点间的行驶时间，e_i 表示车辆对客户 i 服务的最早时间；l_i 为车辆对客户 i 服务的最迟时间；G 表示任意大正数；p_1，p_2，p_3 为目标函数系数，$p_1 \gg p_2 \gg p_3$；以上变量下标取值范围为 i，$j = 1,2,3,\cdots,N$；$k = 1,2,3,\cdots,M$。

目标函数（6-1）表示第一目标为最小化车辆使用数量，第二目标与第三目标分别为最小化总行驶距离、最小化总等待时间；式（6-2）、式（6-3）确保每个客户只被一辆车服务；式（6-4）是车辆的载重约束；式（6-5）、式（6-7）保证每一条线路只有一辆车从配送中心出发，但不返回配送中心；式（6-6）确保每条路径的连续性；式（6-8）、式（6-9）、式（6-10）为每辆车的时间窗口约束；式（6-11）确保每辆车的工作人员工作时间不超过规定的时间。相比与 OVRP 模型，OVRPTWWT 模型增加了客户的时间窗约束与配送人员的工作时间约束，问题的可行域更加复杂，因此其求解难度比 OVRP 还要大，传统的精确算法很难的较短时间内找到精确解，因此，有必要设计高效的智能启发式算法求解 OVRPTWWT。

6.3　人工免疫克隆选择算法相关理论

6.3.1　人工免疫相关理论

在生物学领域中，免疫学是一门相对年轻的学科，然而，人类对自然免疫的认识可以追溯到300年以前。早在17世纪，我国医学家就创造性地发明了人痘以预防天花。1876年英国医生Edward Jenner"牛痘"的发明，取代了人痘苗，是公认的现代免疫学开端，法国免疫学家Pasteur发明了减毒细菌疫苗，奠定了经典免疫疫苗的基础。经过300多年的发展，免疫学已经从微生物学的一章发展成一门独立的学科，并派生出若干分支，例如细胞免疫学、分子免疫学、神经与内分泌免疫学和行为免疫学等。

1. 生物免疫系统相关概念

生物免疫系统是防御外界物质入侵，使自身免受伤害的系统。主要包括以下概念。

（a）免疫：是机体识别和排除抗原性异物，以维护自身生理平衡和稳定的功能。正常情况下免疫起到免疫保护、免疫稳定和免疫监视等生理性保护；但是在免疫缺陷时，则会造成病理性损伤。

（b）抗原：是指能刺激机体免疫系统引发免疫应答而产生和致敏淋巴细胞，并能与之发生特异性结合而产生免疫效应的物质。抗原是免疫应答的始动因子。抗原有两种特性免疫原性和特异反应性。前者是指抗原进入免疫机体后能促使机体产生抗体或者激活淋巴细胞产生免疫应答的特征，而后者指一种抗原能与抗体特异性结合的特性。

（c）T细胞和B细胞：T细胞和B细胞是淋巴细胞的主要组成部分，T细胞是一种由胸腺中的淋巴干细胞分化而成，它的主要功能包括直接袭击宿主的感染细胞及对其他细胞的活动进行调节；B细胞是主要的免疫细胞，由骨髓干细胞分化而成，成熟的B细胞存在于淋巴结、血液、脾、扁桃体等组织和器官中，在T细胞的辅助下活化，产生抗体，发挥免疫作用。

（d）抗体：是一种免疫球蛋白。生物机体在抗原物质刺激下，由B细胞受到抗原刺激后，所分泌的具有免疫功能，并能与抗原发生特异性结合的免疫球蛋白。不同的免疫球蛋白分子具有不同的抗原性。

（e）免疫应答：是指外部有害病原体入侵机体并激活免疫细胞，使之增殖分化并产生免疫效应的过程，它可以分为感应阶段、增殖分化阶段和效应阶段三部分。免疫应答就是清除抗原的过程，维持机体内部的平衡和稳定。

（f）免疫记忆：是指机体接触过某种抗原后再次接触相同抗原时，抗体出现的潜伏期较初次应答明显缩短，抗体含量大幅度上升，且比初次免疫更强的、更高亲和度的抗体产生的现象。

（g）亲和力：是指抗体表位与抗原对位的匹配程度。

2. 免疫系统基本结构及功能

免疫系统由免疫器官、免疫细胞和免疫分子组成。是生物在长期进化中与各种致病因子不断斗争逐渐形成的，在个体发育中也需抗原的刺激才能发育完善。免疫器官包括中枢免疫组织和外周淋巴组织（淋巴结和脾脏）的免疫活性细胞（B淋巴细胞和浆细胞），以及由它们产生的多种淋巴因子和抗体；免疫细胞是指所有参与应答或免疫应答有关的细胞，主要为 T 淋巴细胞、B 淋巴细胞和单核巨噬细胞，其中淋巴细胞是免疫系统中最重要的免疫细胞；免疫分子在机体的免疫系统发育、免疫细胞活化和免疫应答中起着重要作用，免疫分子主要包括免疫细胞膜分子。

生物免疫系统包括两个部分：固有免疫系统和适应性免疫系统。固有免疫系统是生来就有，而且始终存在的防御机制；主要是机体表面上的皮肤、豁膜、机体分泌的脂肪酸等有效地物理和化学屏障。而适应性免疫系统是当机体受到外来侵害物接触之后才获得的免疫，主要包括 T 淋巴细胞和 B 淋巴细胞。

正常情况下，免疫系统的作用是保持体内环境稳定，具有保护作用；但是，在异常情况下，免疫系统功能可能导致某些病理过程的发生。其主要功能包括免疫防御，抵御病原微生物的侵袭；免疫自稳，清除损伤和衰老细胞；免疫监视，清除突变或畸变的恶性细胞。

3. 免疫应答及原理

适应性免疫应答即免疫应答，是由抗原刺激机体免疫系统所致，包括抗原特异性淋巴细胞对抗原分子的识别、活化、分化和产生免疫效应的全过程。适应性免疫应答有两种应答方式：初次免疫应答和二次免疫应答。

初次免疫应答：即免疫系统遭到抗原第一次入侵，以前从来没有此类抗原入侵过机体的应答过程。初次应答学习过程比较慢，需要用好几周才能消灭抗原。

二次免疫应答：初次免疫应答之后机体中会保留与抗原高亲和度的 B 细胞作为免疫记忆细胞，而且能持续一段时间，在这段时间内再次有同样的抗原入侵时，亲和度高的抗体就会大幅度增加，因而迅速的消灭抗原，这个过程称为二次免疫应答。二次免疫应答相对初次免疫应答，消灭抗原的速度更快，且无须重新学习。免疫应答过程如图 6-1 所示。

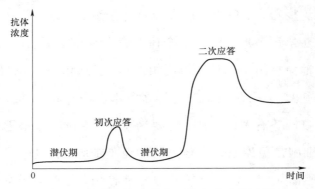

图 6-1 初次免疫应答和二次免疫应答过程

描述免疫应答原理主要有 Burnet 等根据生物学和遗传学的启示提出的克隆选择学说和 Jerne 提出的独特型网络调节学说。

克隆选择学说指出抗体是天然产物，以受体的形式存在于细胞表面，抗原可与之选择性的反应。其基本论点为体内本身存在有识别各种抗原的免疫细胞克隆，它们的识别作用通过细胞表面的受体完成；抗原选择结合相应受体的免疫细胞，使之活化、分化和增殖，最后形成抗体，产生效应细胞和记忆细胞；胎生期免疫细胞与抗原物质相接触，则可被破坏、排除或使之活化，处于受制状态，形成天然耐受状态；免疫细胞克隆可因突变产生与自身起反应的细胞克隆，形成自身免疫疾病。克隆选择过程如图 6-2 所示。

独特型免疫网络调节学说主要与抗体有关。免疫系统中各个细胞分子不是处于一种孤立状态，而是通过相互刺激和相互制约构成一个动态平衡的网络结构，而构成相互刺激和相互制约的物质基础是独特型和抗独特型抗体。抗体上能够被其他抗体识别的部分叫独特型抗原决定簇；而能对它识别并引起反应的抗体叫抗

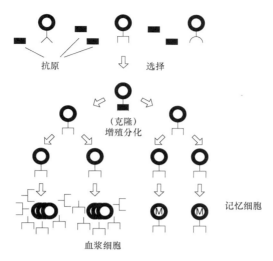

图 6-2 Burnet 克隆选择过程

独特型抗体。在抗原刺激发生以前，机体处于一种相对的免疫平衡状态，当抗原进入机体后，抗原的抗原决定簇与特定的抗体结合，使之产生抗体分子，当抗体分子达到一定数量后，抗体上的抗体决定簇就会产生抗独特型抗体，此过程被称为抗免疫球蛋白分子独特型的免疫应答。因此，抗体分子在识别抗原的同时，也被其独特型抗体分子识别。

这种抗独特型抗体的产生在免疫应答调节中起着重要作用，使受抗原刺激增殖的克隆受到抑制，不会出现无限增殖，维持免疫应答稳定平衡。独特型网络调节学说遵循如下方程：

变化率＝新加入的细胞－死去的无刺激细胞＋复制的刺激细胞

6.3.2 克隆选择算法

根据克隆选择原理，De Castro 等提出了克隆选择算法模型，其算法的核心在于增殖复制算子和变异算子。增殖复制的数量与个体亲和度成正比，亲和度越高，增殖数量越大。保证整个群体的亲和度逐步向最优靠近；变异算子与个体亲和度成反比例关系，从而保留最佳的个体并改进较差个体。

免疫克隆选择算法以 B 细胞的克隆选择理论为基础，用"抗原"表示优化解，用"B 细胞"表示解得可能模式，通过 B 细胞的高频变异克隆完成全局最优解的搜索。算法流程图如图 6-3 所示。

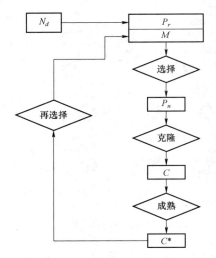

图 6-3　克隆选择算法流程图

具体算法如下。

1. 生成候选解集 P，它由记忆单元（M）和保留种群（P_r）组成，即 $P = M + P_r$；

2. 根据亲和度测量，选择 n 个个体（P_n）；

3. 克隆种群中这 n 个最好的个体，生成一个克隆临时种群（C），克隆规模和抗体与抗原的亲和度成正比；

4. 对克隆临时种群进行高频变异，根据亲和度大小决定变异，由此获得一个变异后的种群（$C*$）；

5. 从 $C*$ 中重新选择改进的个体组成记忆单元 M。P 中的一些个体也被 $C*$ 中其他一些改进的成员所取代；

6. 保持多样性，用新产生的 d 个抗体去取代 P 中 d 个旧的亲和度低的抗体；

7. 算法的终止条件为：判断 M 中的个体是否达到要求，若达到，则停止，否则，算法继续执行。

目前，克隆选择算法在函数优化与组合优化问题上得到广泛的应用，Timmis 与 Chun 分别将克隆选择算法用于 Rosenbrock 等函数优化问题及永磁同步电机的表面设计，研究结果显示利用克隆选择算法对复杂多模态函数进行优化，效果明显优于普通算法；克隆选择算法很好地解决了单目标函数优化问题之后，研究人员开始将克隆选择运用到求解多目标函数优化问题。Carlos 等人以克隆选择为核心构造一种人工免疫系统用于求解多目标函数优化问题,并与其他三种具有代表性的多目标函数优化方法比较,结果表明克隆选择方法具有明显优势。在国内,这方面的研究也比较深入,刘晓冰等人运用克隆选择算法求解了经典的组合优化问题——生产调度问题;杜海峰将克隆选择原理应用于函数优化问题的求解,并且对算法的全局收敛性进行了分析。文中利用有限非齐次可约马尔可夫链,证明了基于二进制编码的克隆选择算法是全局收敛的。

6.4 求解 VRP 的基本克隆选择算法

在已有的研究文献中,将克隆选择算法用于求解 VRP 的研究并不多见,已有的研究主要包括闫旺、尚华艳、周泉分别在各自的硕士论文中运用基本克隆选择算法求解了基本 VRP,验证的求解 VRP 克隆选择算法的有效性。潘立军运用改进的克隆选择算法分别求解了 VRP 及 OVRP,算法改进了基本克隆选择算法的亲和力计算方法与抗体多样性改进机制,运用标准测试算例测试显示出较好的求解效果。下文将详细介绍求解 VRP 与 OVRP 的基本克隆选择算法。

6.4.1 算法的基本框架

算法的基本构框如图 6-4 所示。

6.4.2 抗体的编码方式

算法借鉴求解 VRP 遗传算法的整数编码方式,用 0 表示配送中心,用 $1, 2, \cdots, N$ 表示各需求点。因为共有 K 辆汽车,最多存在 K 条线路,每条线路都始于配送中心,终于配送中心。例如对于一个有 7 个配送点,3 辆车的 VRP 问题,抗体 123045067 表示如下车辆配送路线安排:

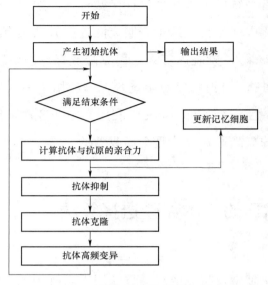

图 6-4 免疫克隆算法流程图

　　Route1：0-1-2-3-0；

　　Route2：0-4-5-0；

　　Route3：0-6-7-0。

6.4.3　亲和力的定义

　　在利用克隆选择算法求解 VRP 中，算法的目标即为在所有车辆配送路线安排中选择一条总路程最短且符合约束的车辆配送路线安排，即找出使目标函数最小的车辆配送路线安排计划。因此将抗原与抗体的亲和力定义为 VRP 目标函数的倒数，抗体与抗原的亲和力即该抗体所对应的目标函数小，否则，其对应的目标函数大。

6.4.4　克隆选择

　　克隆选择的过程包括两步。

第一步：对当前种群的所有抗体计算其与抗原的亲和力，并按亲和力降序排列；

第二步：按照下式对种群中亲和力高的抗体进行克隆，得到新的抗体群 N_c：

$$N_c = \sum_{i=1}^{Pos} round\left(\frac{\beta \times Scale}{Pos}\right) \tag{6-13}$$

式中 Scale 代表抗体群的规模，Pos 表示抗体群在降序排列后该抗体在群中的序位；N_c 代表克隆后新的抗体群；β 为克隆系数（$0.01 \leqslant \beta \leqslant 0.25$）；若克隆后 N_c 超过原抗体群规模，则删除亲和力低的抗体，以保持群体的规模在运算过程中始终一致。

6.4.5　变异算子

抗体经过克隆选择后则经历高频变异，其变异算子主要有如下内容。

1. 抗体交换算子：单个抗体按照一定的交换概率 P_m，随机选取抗体中的两个点，交换这两个点的基因，形成新的抗体。

2. 抗体逆转算子：单个抗体按照一定的逆转概率 P_m，随机选取抗体中的两个点，将两点之间的基因段首尾倒转过来形成新的抗体。

3. 抗体移位算子：单个抗体按照一定的移位概率 P_m，随机选取抗体中的两个点，将两个点之间基因段中的基因位循环向左移位，并将该基因段中的末位基因移到段的首位形成新的抗体。

4. 抗体保优算子：每次高频变异的过程中选取亲和力最高的抗体不变异，直接到下一代。

算法运行中，前三种变异算子随机使用，最后一种变异算子在每一代抗体群的变异中确定使用。

6.4.6　算法结束条件

算法的终止条件有以下两个。

1. 指定算法迭代代数，算法达到给定的代数即停止运行。

2. 记忆细胞集合中最优记忆细胞在给定的代数内还没得到改善，算法停止运行。

6.4.7 抗体抑制

抗体群经历克隆与高频变异后，产生了一些亲和力低或与其他抗体结构相同的抗体，抗体抑制的过程即将这些抗体从种群中删除并补充新的抗体到原抗体群中，该过程有利于增加算法的搜索区域，避免算法陷入局部收敛。为进行抗体抑制，定义抗体相似性度量方法如下。

设 x 与 y 为同一抗体种群中两个不同抗体，L 为抗体的编码字符总数，m 为两抗体在同一基因位置编码符号相同的个数，$Similar$ 为抗体 x 与 y 的相似度，λ 为相似度差别参数；

$$Similar = m/L \tag{6-14}$$

若 $Similar \geq \lambda$，则抗体 x 与 y 的相似；否则为不相似；λ 的取值范围为[0.8,1]。

利用以上相似度的定义，抗体抑制的过程为

第一步：计算抗体与抗原的亲和力，并按亲和力降序排列，得抗体群 Pop（$anti_1$, $anti_2$, $\cdots$, $anti_{Nc}$），N_c 为抗体群的总抗体数量。

第二步：

设 $m=1$, $n=N_c$

循环：

检测 $Pop(m)$ 与 $Pop(n)$ 是否相似

若 $Pop(m)$ 与 $Pop(n)$ 相似

则在抗体群中删除 $Pop(n)$

否则

$n=n-1$

$m=m+1$

第三步：检测抗体群的数量，若抗体群数量不足 N_c，增加新抗体。

6.5　求解 OVRPTWWT 的克隆选择算法

与基本克隆选择算法不同，求解 OVRPTWWT 的克隆选择算法借鉴文献非代际遗传算法的思想，搜索过程舍弃了代际概念，采用单个抗体搜索的方法，这一过程不仅使算法结构趋于简单，还能很好地将受体编辑、亲和度成熟、抗体抑制过程综合起来，有利于提高算法求解效率。

6.5.1　人工免疫克隆选择算法的总体框架

用伪码表示的人工免疫克隆选择算法的总体框架如下。

初始化参数：$Scale$（抗体群规模）、Max_Search（最大搜索次数）、$Memory$（记忆群体）、$Max\_Not\_Improve$（最大允许未改进次数）、P_Mut（变异概率）；

按 $Scale$ 规模生成初始抗体群；

$While$　搜索次数$\leqslant Max\_Search$

计算抗体群的亲和力，每搜索 30 次将当前抗体群中亲和力最高的抗体存入 $Memory$；

按轮盘赌策略从抗体群中选择抗体 X；

依据抗体 X 与抗原的亲和力计算其克隆规模 H；

$For\ i=1$ 到 H

复制抗体 X；

对 X 依概率 P_Mut 进行变异得新抗体 X'；

If　X' 的亲和力比当前抗体群中最差的要好，且 X' 与其他抗体不同

将 X' 替换当前抗体群中最差抗体；

当前解未改进次数$=0$；

End

97

搜索次数增加 1 次；

End

If　当前解未改进次数 ≥ *Max_Not_Improve*

生成新抗体或从 *Memory* 选择抗体更新当前抗体群中 50% 的抗体；

End

End

输出结果；

求解 OVRPTWWT 的克隆选择算法的编码采用基于整数值的字符编码方式，其编码方式与上一章非代际遗传算法的编码方式相同，即用 0 代表配送中心，用 1 至 N 代表客户，每一基因位还包含有 *EF* 与 *LS* 值。与抗原亲和力的计算方法采用取目标函数倒数的。初始解的生成过程采用第三章介绍的时差插入启发式算法，在插入的过程中始终保持解可行，先随机从顾客集中选择一种子点，生成含有单个客户的当前解，然后依次从未插入顾客集中随机选取客户，在当前解中随机选择可行的插入位置将该客户插入，若所有的位置均不可插入，则重新生成一条新的路径插入到当前解的最后，直到所有的客户均完成插入。

6.5.2　克隆选择过程

克隆选择过程对基本克隆选择算法的克隆选择过程进行了改进，其过程采用轮盘赌的策略从当前抗体群中选取抗体 X 进行克隆，克隆数量 X_Num 依据下式计算：

$$X\_Num = \left\lceil Scale * \theta * \frac{Aff(X) - Aff(X_{worst})}{Aff(X_{best}) - Aff(X_{worst})} \right\rceil \tag{6-15}$$

Aff(*X*) 表示抗体 *X* 的亲和力函数，X_{worst} 为当前抗体群中与抗原亲和力最差的抗体，X_{best} 为当前抗体群中与抗原亲和力最好的抗体，θ 为自定义参数，取 [0.05,0.2]，X_Num 为下上取整后的整数。

6.5.3　变异算子

变异是模拟真实免疫系统克隆选择中抗体高频变异产生优质抗体的过程，是算法能够寻优的基础之一。本书变异过程采用了三种变异算子，即变异算子 R1、R2、R3，变异算子 R1、R2 采用第五章中求解 PDPTW 遗传算法的变异方法。根据问题的特点，每辆车的总工作时间即每辆车的时间窗宽度固定，但其时间窗的最早开始、最迟开始时间可以变动，本文设计了变异算子 R3，其过程如 6-5 所示。

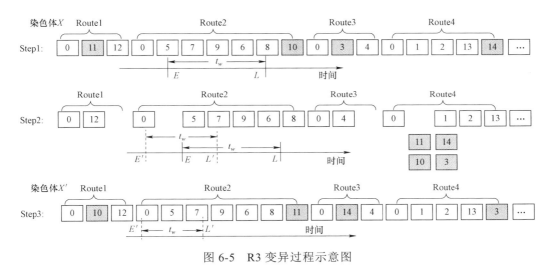

图 6-5　R3 变异过程示意图

Step1：从当前抗体中随机选取 N_Route 条路径，N_Route 的取值为当前抗体总路径数的 15%左右；

Step2：将各路径中的首点或尾点删除，并更新已删除点的路径的最早开始时间与最迟开始时间；

Step3：将已删除点集再按最优插入原则插入到当前解中，若所有路径均插不进，则重新生成一条路径。

6.5.4　抗体多样性保持策略

克隆选择算法的抗体多样性保持策略，是算法避免早熟的关键，本书算法的多样性保持策略主要体现在两个方面：一是在算法的整体结构上采用非代际的迭代策略，在抗体变异后的更新过程中要求更新的抗体与当前群体中的其他抗体不同，即抗体对应的目标函数值不相等；二是算法迭代过程中，当抗体群持续不进化时，采用扰动策略，向当前抗体群中增加新的抗体或记忆库 Memory 中的抗体，以帮助算法能跳出局部最优。

6.6　算例测试

算法采用 matlab7.0 编程实现，运行于奔腾 IV 2.0G 的 PC 上，运算结果精确到两位小数。仿真算例来自 Solomon 的 VRPTW（100 个客户点）算例：C107，为使其符合问题要求，本章在原有 C107 的基础上，增加车辆最长工作时间为 618 个单位（C107 中配送中心的营业总时长为 1 236 个单位，本章算例假设配送人员的工作时间为配送中心营业时长的二分之一）。各参数的取值如下：$Scale=100$，$Max\_Search=20\ 000$，$Max\_Not\_improve=50$，$P\_Mut=0.9$，$\theta=0.1$，三种变异算子随机使用。运行结果为所使用车辆数 = 19，总行驶距离 = 2 315.99，总等待时间 = 3 609.63，算法运行的平均时间为 516 秒。具体结果如表 6-1 所示。

表 6-1　本文算法求解 C107 的最终解

路线号	途经点	路线号	途经点	路线号	途经点
Route1	0-62-74-61-48-91	Route8	0-46-72-6-4-50	Route15	0-57-55-54-53-56-58
Route2	0-28-26-80-69-47	Route9	0-23-22-52-21-49	Route16	0-98-96-95-94-92-97
Route 3	0-10-93-88-89-99	Route10	0-32-33-31-35-37-30	Route17	0-20-24-25-27-29-60
Route 4	0-11-39-79-1	Route11	0-13-17-18-19-15-14	Route18	0-81-78-76-71-70-77
Route 5	0-38-64-59-51-66	Route12	0-67-87-86-83-82-73	Route19	0-5-3-7-8-9
Route 6	0-12-68-2-75	Route13	0-90-65-63-84-85		
Route 7	0-16-100-36-34	Route14	0-43-42-41-40-44-45		

图 6-6 为本章非代际克隆选择算法一次求解 OVRPTWWT 中解变化情况，求解 OVRPTWWT 的非代际克隆选择算法显示了较快的收敛速度。图中 Memory 记忆库中，每搜索 30 次记忆了当前抗体群中的最优抗体，抗体目标值的计算中

$p_1 = 1\,000$，$p_2 = 10$，$p_3 = 0.1$。

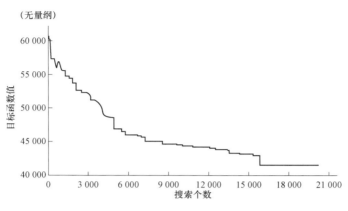

图 6-6　算法的收敛情况

6.7　小结

OVRPTWWT 是物流配送实践中广泛存在的一类 VRP，在实践中有一定应用价值。本章对 OVRPTWWT 进行了深入的研究，主要作了以下工作。

一是对 OVRPTWWT 的问题特点进行了分析，建立了 OVRPTWWT 的混合整数规划模型。

二是在介绍人工免疫克隆选择算法的基本原理及其在求解 VRP 中应用情况的基础上，提出了求解 OVRPTWWT 的非代际免疫克隆选择算法，算法改进的原有克隆选择算法的克隆选择方法，并针对问题特点，设计了适用于 OVRPTWWT 的 R3 变异算子。

三是对模型与算法进行了仿真测试，测试表明 OVRPTWWT 模型是有效的，非代际免疫克隆选择算法能在合理的时间内求得 OVRPTWWT 的满意解。但本章仅在算例基础上进行了简单的算法实现，算法性能还需要在大量算例上进行测试，这将成为下一步研究工作的方向之一。

第七章 结论与展望

7.1 结论

  车辆路径问题是广泛应用于物流配送、交通运输等领域的一类重要的组合优化问题，具有很强的应用背景和理论价值。自车辆路径问题1959年由 Dantzig 和 Ramser 首次提出至今半个世纪中，关于车辆路径问题的建模与启发式算法涌现了大量的研究成果，并衍生出了众多研究分支，带时间窗车辆路径问题就是其中的重要分支之一。相比于只包含车辆载重约束的基本车辆路径问题，带时间窗的车辆路径问题更好地反映实际应用情况，然而由于车辆路径问题本身就是 NP-难问题，而带时间窗问题是在此基础上又增加了时间窗约束，从而使问题的求解更加困难，因此对带时间窗问题的模型与求解算法研究一直是 VRP 研究的重点和难点。本书在前人研究的基础上，重点对 VRPTW 的建模技术及启发式求解算法进行了研究，主要的研究工作总结如下。

  1. 对带时间窗车辆路径问题的插入检测法进行了深入研究。主要作了以下三个方面的工作：一是对求解 VRP 的插入检测法进行了定义与分类，并对求解 VRPTW 插入检测法的已有研究成果进行梳理总结；二是对前推值插入检测法原理进行了数学证明，分析该插入检测法的计算复杂度表明前推值插入检测法与传统的基于时间窗约束条件的插入检测法计算复杂度相当。三是提出了时差的概念及时差插入检测法，证明了该检测法的充要条件，分析其计算复杂度表明其计算复杂度优于前推值插入检测法及传统的基于时间窗约束条件的插入检测法。仿真测试结果显示时差插入检测法与前推值插入检测法一样有效，而前者的检测速度优于后者。

2. 对带时间窗车辆路径问题的插入启发式算法进行了深入研究。在介绍三种经典插入启发式算法的启发原理基础上，提出了时差插入启发式算法，介绍了时差插入启发式算法的启发规则，算法构架，仿真测试了该算法的最佳参数组合，比较该算法与三种经典插入启发式算法的求解质量表明该算法的求解质量优于 Solomon 的插入启发式算法。

3. 对带时间窗取送货问题的深入研究。提出了求解带时间窗取送货问题的非代际遗传算法。相比于基本遗传算法，该算法有以下特点。一是采用基于个体的搜索机制，该机制能更好地保留优异个体与种群的多样性。二是改进编码方法，设计了包含最早完成时间、最迟开始时间的整数编码方法，该方法不仅能表示客户编号，而且能表示车辆到达客户的顺序，还能在变异、交叉过程及初始解生成过程中运用时差插入检测法。三是设计了适用于带时窗取送货问题的非对称匹配交叉、对称匹配交叉、线路交叉以及 R1 变异与 R2 变异等算子。仿真测试表明该算法比已有报道的求解带时间窗取送货问题的其他算法求解质量高。

4. 对带工作时间与时间窗的开放式车辆路径问题及其克隆选择算法的研究。提出了带工作时间与时间窗的开放式车辆路径问题，建立该问题的混合整数规划模型；设计了求解该问题的非代际免疫克隆选择算法，算法改进的原有克隆选择算法的克隆选择方法，并针对问题特点，设计了适用于该问题的 R3 变异算子。仿真测试表明该问题模型是有效的，且该算法在合理的时间内能求得满意解。

7.2 展望

经过诸多学者的共同努力，关于带时间窗车辆路径问题的建模与求解算法有了丰硕的研究成果，但这其中仍然存在许多值得进一步研究和探讨的地方，在本文的思路上，值得进一步深入研究的方面如下。

1. 求解 VRPTW 的插入检测法研究方面，本书研究了时差插入检测法，下一步有以下几个研究方向，一是进一步研究其他的插入检测法，二是将进一步深入研究时差插入检测法，如研究将该方法应用到多时间窗口 VRP、时变条件下 VRPTW 等。

2. 求解 VRPTW 的插入启发式算法方面，本书研究了时差插入启发式算法其求解质量、与求解速度还可以进一步研究如何提高。

3. 带时间窗的取送货问题，本书主要研究了求解此类问题的遗传算法，下一步还可研究运用其他智能启发式算法求解该问题，另外，本文只对 100 个点的问题就该算法进行了测试，还没有用超大规模的问题测试该算法，这均是不一步的研究方向。

4. 带工作时间与时间窗的开放式车辆路径问题研究方面，本书只给出了问题的模型与非代际克隆选择算法，但算法需要经过更多的测试算试。另外该求解该问题的其他智能启发式算法也需要研究，这些均是下一步的研究方向。

参考文献

［1］国家质量技术监督局. 中华人民共和国国家标准物流术语［M］. 北京：中国标准出版社，2001.

［2］国家发展改革委，国家统计局，中国物流与采购联合会. 2010 年全国物流运行情况通报［G］. 北京：中国物资出版社，2011：61-62 .

［3］国家发展改革委，国家统计局，中国物流与采购联合会. 2009 年全国物流运行情况通报［G］. 北京：中国物资出版社，2009：185-186.

［4］G B. Dantzig, J.H. Ramser. The truck dispatching problem［J］. Management Science, 1959, 6: 80.

［5］L.Bodin, B. Golden, A. Assad et al. Routing and scheduling of vehicles and crews: The State of Art［J］. Computers&Operations Research, 1983, 10: 63-211.

［6］M. O. Ball, T. L. Magnanti, C. L. Monma et al. Handbooks in Operations Research and Management Science, Volume 8: Network Routing［M］. Amsterdam: Elsevier Science, 1995.

［7］Paolo Toth, Daniele Vigo et al. The Vehicle Routing Problem. Society for Industrial and Applied Mathematics［M］. USA: Philadelphia, 2002.

［8］郭辉煌，李军. 车辆优化调度［M］. 成都：成都科技大学出版社，1994.

［9］李军，郭耀煌. 物流配送车辆优化调度理论与方法［M］. 北京：中国物资出版社，2001.

［10］郎茂祥. 配送车辆优化调度模型与算法［M］. 北京：电子工业出版社，2009.

［11］张潜. 物流配送路径优化调度建模与实务［M］. 北京：中国物资出版社，

2006.

[12] Flood M. The traveling salesman problem[J]. Operations Research, 1956, 4(1): 61-75.

[13] Kao E. A preference order dynamic program for a stochastic traveling salesman problem [J]. Operations Research, 1978, 26(6): 1033-1045.

[14] Tillmanf. The multiple terminal delivery problem with probabilistic demands [J]. Transportation Science, 1969, 3(3): 192-204.

[15] Jezequel A. Probabilistic vehicle routing problems [D]. Department of Civil Engineering, Massachusetts Institute of Technology, Cambridge, MA 1985.

[16] Dimitris Bertsimas，Garrett Van Ryzin. Stochastic and dynamic vehicle routing problem in the euclidean plane with multiple capacitated vehicles [J]. Operations Research, 1993(41): 60-76.

[17] Harilaos N. Psaraftis. Vehicle Routing: Methods and Studies，chapter Dynamic Vehicle Routing Problems [M]. Elsevier Science Publishers B.V.(North Holland)，1988: 223 -248.

[18] Robert B. Dial. Autonomous dial a ride transit introductory overview [J]. Transportation Research - Part C, 1995(3): 261-275.

[19] Chryssi Malandraki, Mark S.Daskin. Time dependent vehicle routing problems: formulations, properties and heuristic algorithms [J]. Transportation Science, 1992(26): 185-200.

[20] Huisman D, Freling R, Wagelmans A.P.M. Multiple-depot integrated vehicle and crew scheduling [J]. Transportation Science, 2005, 39(4): 491-502.

[21] Hadjar A, Marcotte O, Soumis F. A branch-and-cut algorithm for the multiple depot vehicle scheduling problem [J]. Operations Research, 2006, 54(1): 130-149.

[22] 符卓. 带装载能力约束的开放式车辆路径问题及其禁忌搜索算法研究 [J]. 系统工程理论与实践，2004（3）： 123-128.

[23] 肖天国，符卓. 求解带软时间窗的开放式车辆路径问题的遗传算法[J]. 铁

道科学与工程学报，2008（5）：79-83.

［24］ 符卓，聂靖. 开放式车辆路径问题及其若干研究进展［C］. 中国运筹学会
第八届交流会论文集，深圳：2006：395-400.

［25］ Tarantilis, C.D, Kiranoudis, C.T, Vassiliadis, V.S. A threshold accepting
metaheuri -stic for the heterogeneous fixed fleet vehicle routing problem［J］.
European Journal of Operational Research, 2004(152): 148-158.

［26］ Liu, F.H., Shen, S.Y. The fleet size and mix vehicle routing problem with time
windows［J］. Journal of Operational Research Society, 1999(50): 721-732.

［27］ Dullaert, W., Janssens, G.K., Sorensen, K. et al. New heuristics for the fleet
size and mix vehicle routing problem with time windows［J］. Journal of
Operational Research Society, 2002(53): 1232-1238.

［28］ Patricia Belfiore, Hugo Tsugunobu Yoshida Yoshizaki. Scatter search for a
real-life heterogeneous fleet vehicle routing problem with time windows and
split deliveries in Brazilv［J］. European Journal of Operational Research,
2009(199): 750-758.

［29］ Toth P., Vigo D. An exact algorithm for the vehicle routing problem with
backhauls［J］. Transportation Science, 1997, 31(4): 372-385.

［30］ Mingozzi A., Giorgi S., Baldacci R. An exact method for the vehicle routing
problem with backhauls［J］. Transportation Science, 1999, 33(3): 315-329.

［31］ Sophie N, Parragh · Karl F, Doerner · Richard F. Hartl. A survey on pickup and
delivery problems Part I: Transportation between customers and depot［J］.
State of the Art Artikel, 2008(58): 21-51.

［32］ Sophie N, Parragh Karl F, Doerner Richard F. Hartl. A survey on pickup and
delivery problems Part II: Transportation between pickup and delivery
locations［J］. State of the Art Artikel, 2008(58): 21-51.

［33］ Yang H., Ye M., Tang W.H.C. et al. A multiperiod dynamic model of taxi
services with endogenous service intensity［J］. Operations Research, 2005,
53(3): 501-515.

[34] Francis P.，Smilowitz K. Modeling techniques for periodic vehicle routing problems [J]. Transportation Research Part B, 2006, 40: 872-884.

[35] Francis P., Smilowitz K., Tzur M. The period vehicle routing problem with service choice [J].Transportation Science, 2006, 40(4): 439-454.

[36] Gaudioso M., Paletta Cz. A heuristic for the periodic vehicle routing problem [J]. Transportation Science, 1992, 26(2): 86-92.

[37] Baptista S., Oliveira R.C, Z Squete E. A period vehicle routing case study [J]. European Journal of Operational Research, 2002, 139: 220-229.

[38] Mourgaya M., Vanderbeck F. Column generation based heuristic for tactical multi-period vehicle routing [J]. European Journal of Operational Research, 2007(183): 1028-1041.

[39] Golden, B. L., A. A. Assad. Perspectives on vehicle routing: exciting new developments [J]. Operation.Research, 1986(34): 803-809.

[40] Golden, B. L., A. A. Assad, et al. Vehicle Routing: Methods and Studies [M]. Elsevier Science Publishers, Amsterdam, The Netherlands, 1988.

[41] Desrochers, M., J. K. Lenstra, M. W. P. Savelsbergh, et al. Vehicle routing with time windows: Optimization and Approximation [M]. Elsevier Science Publishers, Amsterdam, the Netherlands, 1988: 65-84.

[42] Desrosiers, J., Y. Dumas, M. M. Solomon, et al. Time constrained routing and scheduling. Handbooks in Operations Research and Management Science 8: Network Routing [M]. Elsevier Science Publishers, Amsterdam, The Netherlands, 1995: 35-139.

[43] Bräysy, Gendreau. Vehicle routing problem with time windows, part I: route construction and local search algorithms[J]. Transportation Science, 2005(39): 104-118.

[44] Bräysy, Gendreau. Vehicle routing problem with time windows, part II: metahe -uristics [J]. Transportation Science, 2005(39): 119-139.

[45] Cordeau, J. F., M. Gendreau, G. Laporte. A tabu search heuristic for periodic

and multi-depot vehicle routing problems[J]. Networks, 1997, 30(2): 105-119.

[46] Byung-In Kima, Seongbae Kimb, Surya Sahoo. Waste collection vehicle routing problem with time windows [J]. Computers & Operations Research, 2006(33): 3624 -3642.

[47] Li H, Lim A. A metaheuristic for the pickup and delivery problem with time windows [C]. 13th IEEE International Conference on Tools with Artificial Intelligence. IEEE Computer Society, Los Alamitos, CA, 2001: 333-340.

[48] Bent R, van Hentenryck P. A two-stage hybrid algorithm for pickup and delivery vehicle routing problems with time windows [J]. Compute Operation Research, 2006, 33: 875-893.

[49] Belfiore, Yoshizaki. Scatter search for a real-life heterogeneous fleet vehicle routing problem with time windows and split deliveries in Brazil[J]. European Journal of Operational Research, 2009(199): 750-758.

[50] Z Fu, R Eglese, Lyo Li. A unified tabu search algorithmfor vehicle routing problems with soft time windowsv [J]. Journal of the Operational Research Society. 2008(59): 663-673.

[51] Calvete H.L, Gale C., Oliveros M.J. et al. A goal programming approach to vehicle routing problems with soft time windows [J]. European Journal of Operational Research, 2007(177): 1720-1733.

[52] Koskosidis Ya, Powell W.B., Solomon M.M. An optimization-based heuristic for vehicle routing and scheduling with soft time window [J]. Constraints Transportation Science, 1992, 26(2): 69-85.

[53] Tailiard E., Badeau P, Gendreau M. et al. A tabu search heuristic for the vehicle routing problem with soft time windows [J]. Transportation Science, 1997, 31(2): 170-186.

[54] Gendreau M., Guertin F., Potvin J.Y et al. Parallel tabu search for real-time vehicle routing and dispatching [J]. Transportation Science, 1999, 33(4): 381-390.

［55］ Hashimoto H., Ibaralti T., Imahori S. et al. The vehicle routing problem with flexible time windows and traveling times ［J］. Discrete Applied Mathematics, 2006, 154: 2271-2290.

［56］ Favaretto D., Moretti E., Pellegrini P. Ant colony system for a VRP with multiple time windows and multiple visits ［J］. Journal of Interdisciplinary Mathematics, 2007, 10(2): 263-284.

［57］ Chen R, Gen. M. Vehicle routing problem with fuzzy due-time using genetic algorithms ［J］. Japanese Journal of Fuzzy Theory and Systems, 1995, 7(5): 1050-1061.

［58］ 张建勇. 模糊信息条件下车辆路径问题研究 ［D］. 成都：西南交通大学，2001.

［59］ 王君，李波. 带模糊预约时间的车辆路径问题的多目标禁忌搜索算法 ［J］. 计算机集成制造系统，2011（4）：45-50.

［60］ Tagmouti M., Gendreau M., Potvin J.Y. Arc routing problems with time-dependent service costs ［J］. European Journal of Operational Research, 2007, 181: 30-39.

［61］ Chen H.K., Hsueh C.F., Chang M.S. The real-time time-dependent vehicle routing problem ［J］. Transportation Research Part E, 2006, 42: 383-408.

［62］ Donati A.V., Montemanni R., Casagrande N. et al. Time dependent vehicle routing problem with a multi ant colony system ［J］. European Journal of Operational Research, 2008, 185: 1174-1191.

［63］ Woensel T V, Kerbache L., Peremans H. et al. Vehicle routing with dynamic travel times: A queueing approach ［J］. European Journal of Operational Research, 2008, 186: 990-1007.

［64］ Oli B.G. Madsen, Hans F. Ravn, Jens M. Rygaard. A heuristic algorithm for a dial-a-ride problem with time windows, multiple capacities and multiple objectives ［J］. Annals of Operations Research, 1995(60): 193-208.

［65］ Allan Larsen. The Dynamic Vehicle Routing Problem［D］. Denmark: Technical

University of Denmark.2000.

［66］ J. K. Lenstra, K. Rinnooy. Complexity of vehicle routing and scheduling problem ［J］. Networks, 1981(11): 221-227.

［67］ M. W P Savelsbergh. Local search in routing problems with time windows ［J］. Operations Research, 1985, 33(4): 285-305.

［68］ M. M. Solomon. On the worst-case performance of some heuristics for the vehicle routing and scheduling problem with time window constraints ［J］. Networks, 1986,(16): 161-174.

［69］ Lysgaard J. Reach ability cuts for the vehicle routing problem with time windows ［J］. European Journal of Operational Research, 2006, 175: 210-223.

［70］ Bramel J., Levi D.S. On the effectiveness of set covering formulations for the vehicle routing problem with time windows ［J］. Operations Research, 1997, 45(2): 295- 301.

［71］ Chuah K.H., Yngling J.C. Routing for a just-in-time supply pickup and delivery system ［J］. Transportation Science, 2005, 39(3): 328-339.

［72］ Azi N., Gendreau M., Potvin J.Y. An exact algorithm for a single-vehicle routing problem with time windows and multiple routes ［J］.European Journal of Operational Research, 2007, 178: 755-766.

［73］ Gillett B., Miller L. A heuristic algorithm for the vehicle dispatch problem ［J］. Operations Research, 1974, 22: 340-349.

［74］ Solomon. Algorithms for the vehicle routing and scheduling problems with time window constraints ［J］. Operations Research, 1987(35): 254-265.

［75］ J.B.Atkinson. A greedy look-ahead heuristic for combinatorial optimization an application to vehicle scheduling with time windows［J］. Operational Research Society. 1994.45(6): 673-684.

［76］ G. Clarke, J.R. Wright. Scheduling of vehicle routing problem from a central depot to a number of delivery points ［J］. Operations Research, 1964(12): 568-581.

［77］ Foist, C. J-Y. Potvin. Implementing an insertion heuristic for vehicle routing on parallel hardware ［J］. Computers and Operations Research, 1993(20): 737-745.

［78］ Ioannou, G, M. Kritikos, G. Prastacos. A greedy look-ahead heuristic for the vehicle routing problem with time windows ［J］. January Operation Research Society, 2001(52): 523-537.

［79］ Bent R, van Hentenryck P. A two-stage hybrid algorithm for pickup and delivery vehicle routing problems with time windows ［J］. Compute Operation Research, 2006(33): 875-893.

［80］ Keivan Ghoseiri, Seyed Farid Channadpour. Multi-objective vehicle routing problem with time windows using goal programming and genetic algorithm［J］. Applied Soft Computing, 2010(10): 1096-1107.

［81］ A.L.Erera, J.C.Morales, M.Savelsbergh. The vehicle routing problem with stochastic demand and duration constraints ［J］. Transportation Science, 2010(44): 474-492.

［82］ Tailiard E., Badeau P, Gendreau M. et al. A tabu search heuristic for the vehicle routing problem with soft time windows ［J］. Transportation Science, 1997, 31(2): 170-186.

［83］ Bräysy. O. Local search and variable neighborhood search algorithms for the vehicle routing problem with time windows ［D］. Finland: University of Vaasa, 2001.

［84］ Cordone.R, R. Wolfler-Calvo. A heuristic for the vehicle routing problem with time windows ［J］. Heuristics, 2001(7): 107-129.

［85］ Schrimpf, G., J.Schneider, H.Stamm-Wilbrandt, et al. Record breaking optimization results using the ruin and recreate principle［J］. Computer Physics Communications, 2000(159): 139-171.

［86］ Caseau.Y. F. Laburthe. Heuristics for large constrained vehicle routing problems ［J］. Heuristics, 1999(5): 281-303.

［87］ F.Glover. Future path for integer programming and links to artificial intelligence ［J］. Computers and Operations Research, 1986.13(5): 533-549.

［88］ Garcia B.L, J.Y Potvin, J.M.Rousseau.A parallel implementation of the tabu search heuristic for vehicle routing problems with time window constraints［J］. Computers & Operations Research, 1994, l: 1025-1033.

［89］ 王明春，高成修，曾永廷．VRPTW 的扰动恢复及其 tabu search 算法.数学杂志 ［J］. 2006，26（2）：231-236.

［90］ Moghaddam R.T., Safaei N., Gholipour Y. A hybrid simulated annealing for capacitated vehicle routing problems with the dependent route length ［J］. Applied Mathematics and Computation, 2006, 176: 445-454.

［91］ 郎茂样. 装卸混合车辆路径问题的模拟退火算法研究 ［J］. 系统工程学报，2005，20（5）：485-491.

［92］ 杨宇栋，朗茂祥，胡思继. 有时间窗车辆路径问题的模型及其改进模拟退火算法研究 ［J］. 管理工程学报，2006，20（3）：104107.

［93］ Tan KC, Cheong CY, Goh CK. Solving multi-objective vehicle routing problem with stochastic demand via evolutionary computation ［J］. European Journal of Operational Research, 2007(177): 813-39.

［94］ J.Malmborg C. A genetic algorithm for service level based vehicle scheduling ［J］. European Journal of Operational Research, 1996, 93(1): 121-34.

［95］ L.J.Schmitt. An Evaluation of A Genetic Algorithmic Approach to The Vehicle Routing Problem ［D］. Department of Information Technology Management, Christian Brothers University, Memphis, TN, 1995.

［96］ Mazzeo S, Loiseau I. An ant colony algorithm for the capacitated vehicle routing ［J］. Electronic Notes in Discrete Mathematics, 2004(18): 181-86.

［97］ L. M. Gambardella, E. Taillard, Cz Agazzi. MACS-VRPTW: a multiple ant colony System for vehicle routing problems with time windows ［A］. D. Corne et.al. Editors. New ideas in optimization. London, U. K.: McGraw-Hill, 1999, 63-76.

［98］ 刘云忠，宣慧玉. 动态蚁群算法在带时间窗车辆路径问题中的应用［J］. 中国工程科学，2005，7（12）：35-40.

［99］ 宾松，符卓. 求解带软时间窗的车辆路径问题的改进遗传算法［J］. 系统工程，2003，21（6）：79-85.

［100］ 汪勇，丁凡，吴志华. 协同进化遗传算法求解带时间窗的车辆路径问题［J］. 统计与决策，2010（10）：76-87.

［101］ 李宁，邹彤，孙德宝. 带时间窗车辆路径问题的粒子群算法［J］. 系统工程理论与实践，2004（4）：134-140.

［102］ 吴耀华，张念志. 带时间窗车辆路径问题的改进粒子群算法研究［J］. 计算机工程与应用，2010（15）：345-349.

［103］ 马炫，彭芃，刘庆. 求解带时间窗车辆路径问题的改进粒子群算法［J］. 计算机工程与应用，2009，（27）：679-684.

［104］ 吴勇，叶春明，马慧民等. 基于并行粒子群算法的带时间窗车辆路径问题［J］. 计算机工程与应用，2007，（14）：584-591.

［105］ 张丽艳，庞小红，夏蔚军等. 带时间窗车辆路径问题的混合粒子群算法［J］. 上海交通大学学报 2006（11）：456-361.

［106］ 万旭，林健良，杨晓伟. 改进的最大-最小蚂蚁算法在有时间窗车辆路径问题中的应用［J］. 计算机集成制造系统，2005，（04）：467-472.

［107］ 张潇，王江晴. 蚂蚁算法在带时间窗车辆路径问题中的应用及参数分析［J］. 计算机工程与科学，2010（12）：456-461.

［108］ 李全亮. 免疫算法在带时间窗的车辆路径问题中的应用［J］. 系统工程理论与实践，2006（10）：345-354.

［109］ 杨进，马良. 蜂群优化算法在车辆路径问题中的应用［J］. 计算机工程与应用，2010，（05）：321-331.

［110］ 陈宝文，宋申民，陈兴林. 基于混合算法的带时间窗车辆路径问题［J］. 控制理论与应用，2007（5）：43-52.

［111］ 张瑞锋. 基于混合算法的带时间窗的车辆路径问题求解［J］. 计算机工程，2007，（14）：47-53.

［112］ Solomon, M. M. On the worst-case performance of some heuristics for the vehicle routing and scheduling problem with time window constraints ［J］. Networks, 1986(16): 161-174.

［113］ Popken DA. Controlling order circuity in pickup and delivery problems ［J］. Transport Research E-Log, 2006(42): 431-443.

［114］ Bent R, van Hentenryck P. A two-stage hybrid algorithm for pickup and delivery vehicle routing problems with time windows ［J］. Compute Operation Research, 2006(33): 875-893.

［115］ Savelsbergh MWP, Sol M. The general pickup and delivery problem ［J］. Transportation Science, 1995(29): 17-29.

［116］ Psaraftis H N. A dynamic programming solution to the single vehicle many-to-many immediate request dial-a-ride problem ［J］. Transportation Science 1980(14): 130-154.

［117］ Desrosiers J, Dumas Y, Soumis F. A dynamic programming solution of the largescale single-vehicle dial-a-ride problem with time windows ［J］. The American Journal of Mathematical and Management Sciences. 1986(6): 301-325.

［118］ Dumas Y, Desrosiers J, Soumis F. The pickup and delivery problem with time windows ［J］. European Journal of Operational Research, 1991(54): 7-22.

［119］ Bodin L, Sexton T, The multi-vehicle subscriber dial-a-ride problem ［J］. TIMS Studies in the Management Sciences 1986(26): 73-86.

［120］ Desrochers M, Desrosiers J, Solomon, M M. A new optimization algorithm for the vehicle routing problem with time windows ［J］. Operations Research, 1992(40): 342-354.

［121］ Jaw J J, Odoni A R, Psaraftis H N, et al. A heuristic algorithm for the multi-vehicle advance request dial-a-ride problem with time windows ［J］. Transportation Research Part B, 1986(20): 243-257.

［122］ Madsen O B G, Ravn H F, Rygaard J M. A heuristic algorithm for a dial-a-ride problem with time windows. multiple capacities and multiple objectives [J]. Annals of Operations Research, 1995(60): 193-208.

[123] Van der Bruggen L J J, Lenstra J K, Schuur P C. Variable depth search for the single-vehicle pickup and delivery problem with time windows [J]. Transportation Science 1993(27): 298-311.

[124] Toth P, Vigo D. Fast local search algorithms for the handicapped persons transportation problem [A]. In: Osman ICH, Kelly JP(eds) Meta-heuristics: theory and applications. Kluwer, Norwell. 1996: 677-690.

[125] Gendreau M, Guertin F, Potvin J Y, et al. Neighborhood search heuristics for a dynamic vehicle dispatching problem with pickups and deliveries [R]. Technical Report CRT-98-10, Centre de recerché surles transports, Universit'e de Montr' eal, Montr' eal. 1998.

[126] Nanry W P, Barnes J W. Solving the pickup and delivery problem with time windows using reactive tabu search [J]. Transportation Research Part B, 2000(34): 107-121.

[127] Lau H C, Liang Z. Pickup and delivery with time windows, algorithms and test case generation[C] IEEE Computer Society(eds) Proceedings of the 13th IEEE International Conference on Tools with Artificial Intelligence(ICTAI) , IEEE Computer Society, Los Alamitos, CA. 2001: 333-340.

[128] Li H, Lim A. A metaheuristic for the pickup and delivery problem with time windows [C]. 13th IEEE International Conference on Tools with Artificial Intelligence. IEEE Computer Society, Los Alamitos, CA, 2001, 333-340.

[129] Pankratz G. A grouping genetic algorithm for the pickup and delivery problem with time windows [J]. Operation Research Spectrum, 2005(27): 21-41.

[130] Popken D A. Controlling order circuity in pickup and delivery problems [J], Transport Research E-Log, 2006(42): 431-443.

[131] Bent R, van Hentenryck P. A two-stage hybrid algorithm for pickup and

delivery vehicle routing problems with time windows〔J〕. Computer Operation Research, 2006（33）: 875-893.

〔132〕符卓. 开放式车辆路径问题及其应用研究〔D〕. 长沙: 中南大学, 2004.

〔133〕D. Whitley. Scheduling problems and traveling salesman: the genetic edge recombination operator〔C〕. Proceedings of the 3rd International Conference on Genetic Algorithms. Morgan Kaufinann. 1989, 133-140.

〔134〕Soojung Jung, Ali Haghani. Genetic algorithm for a pickup and delivery problem with time windows〔J〕. Transportation Research Record. 2000(1733): 1-7.

〔135〕Goldberg D E, Korb B, Deb K. Messy genetic algorithms: motivation, analysis, and first result〔J〕. Complex Systems, 1990(3): 493-530.

〔136〕M M Syslo, N Deo, JS Kowalik. Discrete Optimization Algorithms with Pascal Programs〔M〕. Prentice-Hall, Inc.: New Jersey, 1983.

〔137〕A N Letchford, J Lysgaard, R Eglese. A branch-and-cut algorithm for the capacitated open vehicle routing problem〔J〕. Journal of the Operational Research Society, 2006.6: 1-25.

〔138〕C D Tarantilis, et al. Solving the open vehicle routeing problem via a single parameter metaheuristic algorithm〔J〕. Journal of the Operational Research Society, 2005, 56(5): 588-596.

〔139〕L Levy. Private Communication〔M〕. Route Smart Technologies, Inc., 2005.

〔140〕L D Bodin, B L Golden, A A Assad et al. Routing and scheduling of vehicles and crews: the state of the art〔J〕. Computers & Operations Research, 1983, 10: 63-211.

〔141〕Zhuo Fu, M Wright. Train plan model for british rail freight services through the channel tunnel〔J〕. Journal of the Operational Research Society, 1994. 45(4): 384-391.

〔142〕Leon Li, Zhuo Fu. The school bus routing problem: a case study〔J〕. Journal of the Operational Research Society, 2002, 53(5): 552-558.

［143］ Burnet. F M. Clonal Selection. Theoretical Immunology ［M］. NewYork: Marcel Dekker, 1978: 63-85.

［144］ Jerene. N K. Towards a network theory of the immune system ［J］. An Immunological, 1974. 125C: 373-389.

［145］ Chun J S, Kim M K Jung HK, et al. Shape optimization of electromagnetic devices using immune algorithm ［J］. IEEE Trans on Magetics, 1997, 33(2): 1876-1879

［146］ Timmis J L. An artificial immune network for mufti-modal function optimization ［C］. Proceedings of IEEE CEC, 2002,(1): 674-699.

［147］ Carlos A, Coello C. Solving Multi-Objective Optimization Problems Using An Artificial Immune System［M］. Netherlands: Kluwer Academic Publishers, 2002: 21-26.

［148］ 刘晓冰，吕强. 基于克隆选择算法求解柔性生产调度问题 ［J］. 控制与决策，2008，（7）：281-285.

［149］ 焦李成，杜海峰，刘芳，等. 免疫优化计算、学习与识别 ［M］. 北京：科学出版社，2007.

［150］ 闫旺. 基于免疫算法的物流配送车辆调度研究 ［D］. 西安，长安大学，2005：34-55.

［151］ 尚华艳. 物流配送中车辆路径问题研究［D］. 武汉，武汉理工大学，2005：30-50.

［152］ 周泉. 人工免疫系统理论及免疫克隆优化算法研究 ［D］. 长沙，湖南大学，2005.

［153］ 潘立军，董雄报. 改进免疫克隆选择算法在 VRP 中的应用 ［J］. 桂林电子科技大学学报，2006（26）：474-478.

［154］ Lijun Pan, Z Fu. A Clone Selection Algorithm for Open Vehicle Routing Problem ［C］. The 3th International Conference On Genetic and Evolutionary Computing, GiuLin, IEEE, 2009: 729-732.

［155］ De Castro, L.N., Von Zuben, F.J. Learning and optimization using the clonal selection principle〔J〕. IEEE Transactions on Evolutionary Computation. 2002. 6(3): 239-251.

〔156〕 Potvin, J.-Y., J.-M. Rousseau. A parallel route building algorithm for the vehicle routing and scheduling problem with time windows〔J〕. European Journal Operation Research. 1993(66): 331-340.